·成都风土人文丛书·

向上向善
双流人

成都市地方志编纂委员会办公室
中共成都市双流区委史志办公室　编

九州出版社
JIUZHOUPRESS

图书在版编目（CIP）数据

向上向善双流人 / 成都市地方志编纂委员会办公室，中共成都市双流区委史志办公室编 . -- 北京：九州出版社，2024.3

ISBN 978-7-5225-2695-9

Ⅰ . ①向… Ⅱ . ①成… ②中… Ⅲ . ①名人－生平事迹－双流区 Ⅳ . ① K820.871.4

中国国家版本馆 CIP 数据核字（2024）第 058307 号

向上向善双流人

作　　者	成都市地方志编纂委员会办公室　中共成都市双流区委史志办公室　编
责任编辑	刘　嘉
出版发行	九州出版社
地　　址	北京市西城区阜外大街甲 35 号（100037）
发行电话	（010）68992190/3/5/6
网　　址	www.jiuzhoupress.com
印　　刷	四川科德彩色数码科技有限公司
开　　本	710 毫米 ×1000 毫米　16 开
印　　张	18.75
字　　数	225 千字
版　　次	2024 年 3 月第 1 版
印　　次	2024 年 3 月第 1 次印刷
书　　号	ISBN 978-7-5225-2695-9
定　　价	88.00 元

《成都风土人文丛书》序

　　"一个热爱中华大地的人，他一定会爱她的每一条溪流，每一寸土地，每一页光辉的历史。"这是习近平总书记30多年前在河北正定县工作时的一段深情告白。

　　时任县委书记的习近平对正定县的自然地理、文化古迹、历史人物、革命先烈、民风民俗、沧桑巨变如数家珍，娓娓道来。他说："要热爱自己的家乡，首先要了解家乡。深厚的感情必须以深刻的认识作基础。唯有对家乡知之甚深，才能爱之愈切。"习近平总书记当年的这段话，今天读来仍然发人深省，令人深思，尤其对方志工作者有特别的启迪。方志人有责任把我们脚下的这片土地和生活在这片土地上的人们的历史记录好，传播好；让所有热爱这片土地的人们，了解和熟知这里的人物历史、文化传承、民风民俗、山川河流、名胜古迹、资源物产。

　　成都是中华文明的重要发祥地之一，具有悠久而独特的历史始源，文化积淀极其深厚，历经风雨，却摧而不颓，毁而不灭，不断再生，显示出强大生命力。成都3000多年城址未移，2000多年城名不改，今天依然是中国最有影响力的特大中心城市之一，这种历史发展的延续性在世界城市史上是十分罕见的。千百年来，我们的先辈生活在这片土地上，书写了灿烂辉煌的历史，留下了多彩难忘的记忆。把这些散落在城市各个角落的历史和记忆挖掘好、整理好，串联起来，汇编成册，是对成都历史文化尤其是乡土文化最好的发掘与保护。

成都市地方志编纂委员会办公室组织编纂的《成都风土人文丛书》旨在传承历史文脉，弘扬巴蜀文化，唤醒乡愁记忆，滋养乡土情怀。目前，丛书已出版四十多册，社会反响良好。下一步，我们将紧紧围绕地方志"存史、资政、育人"的重要功能，在丛书内容深度和编写质量上下功夫，不断推出彰显中华文明、巴蜀魅力、时代精神，让老百姓喜闻乐见的方志成果，为成都建设世界文化名城，提升城市文化影响力做出方志贡献。

知之越深，爱之愈切。

是为序。

成都市地方志编纂委员会办公室党组书记、主任　马海军

2023 年 12 月

广都双流的精气神

2023 年 6 月 2 日，习近平总书记在文化传承发展座谈会上强调："在新的起点上继续推动文化繁荣、建设文化强国、建设中华民族现代文明，是我们在新时代新的文化使命。""希望大家担当使命、奋发有为，共同努力创造属于我们这个时代的新文化，建设中华民族现代文明。"文化自信的底气来自中华优秀传统文化，而方志文化是中华传统文化的重要组成部分。习近平总书记的重要讲话，对努力建设中华民族现代文明提出了明确要求，对于各地的方志文化工作者做好文化传承工作、更好地担负起新的文化使命更是具有重大的指导意义。

诺贝尔文学奖得主埃利亚斯·卡内蒂指出："城市的名字，它们在岁月里变得多么迫切和美好啊。"就像古蜀历史上的逢乡、梦郭、陆海等地名一样，瞿上、樊乡、广都（都广）等迷人的地名，赋予了双流深厚的历史底蕴。

广都是古蜀国的故都，古史传说中位于天庭圣山昆仑山（成都山，今岷山）下、居"天地之中"的"广都之野"，不但是古蜀登天之树——建木的所在地，而且是古蜀农业文明的起源地之一，也是天府之国农业中心地区。考古发现，距今 4000 多年的新石器时代就有人类在此繁衍生息。广都县始建于汉武帝元朔二年（前 127 年），与古蜀国成都、新都并称"三都"。隋仁寿元年（601 年），避炀帝（杨广）讳，改称双流，取自左思《蜀都赋》"开二江之双流"（江安河与府河汇流于二江口）。

"少不入川，老不出蜀"是一句流传已久的俗语，尽管这一说法早已不符合今时今日成都作为西部中心城市的影响力和吸纳力，却也反映出长久以来人们对天府之国的想象——美酒成都堪送老，都市繁庶，生活舒适，让人情不自禁沉溺于温柔富贵乡，到老都不愿再离开。一个"入"字，暗示了成都的地理特征，一边是龙门山，一边是龙泉山，两山夹一平原，而双流历来是进出成都的锁钥之地，更是成都的大粮仓。如此得天独厚的地理优势，李白说"九天开出一成都，万户千门入画图"，还说此地"水绿天青不起尘，风光和暖胜三秦"。其言外之意，再没有比天府之国更宜居之地了。

但双流并非一味沉醉的温柔乡，无数仁人志士在这片大地上栉风沐雨、励精图治，涌现了蚕丛、李冰、诸葛亮、蒋琬、范祖禹、刘沅、乔大壮等众多历史名人。在大力弘扬传统文化、坚定文化自信的当下，为讲好双流故事，实现对双流文化内涵价值的挖掘转化，进一步让大众意识到文化自信是一个动态的发展过程，是在发展的过程中不断克服文化心态的波动而产生的一种积极健康的群体心态，成都市地方志编纂委员会办公室、中共成都市双流区委史志办公室组织相关专家、作家编写了《向上向善双流人》一书，可谓功莫大焉。

本书行文流畅、逻辑清晰，向世人展示了古往今来45位双流人"筚路蓝缕启山林，栉风沐雨砥砺行"的非凡事功与伟大情怀。读罢此书，不但让人惊叹"蚕丛开国"农业兴邦、一开古蜀伟业，神往"黄龙赤水"之龙溪流韵，更对"千古一相"诸葛亮的"葛陌故居"产生无限崇敬之情……书中还为我们具体展现了蜀汉时期蒋琬的爱国情怀、唐朝"怪"医唐慎微的传奇、"抗英三杰"血染的风采以及"双流三刘"之一的刘咸炘的绝学渊源……

在感受双流独特的地方文化魅力之余，从这本书中更可以感受到双流的精气神。城市的精气神是由城市软实力发展状况和硬实力发展中的软实力因素决定的，也是一座城市物质、精神、政治、社会、生态文明的凝聚与升华。刘沅《保身立命要言》指出："精气神者，人所以生，能善养，则神气强固，多为善，则天性来复，圣人尽其性而尽人物之性，参赞化育……"不但是人的养生，一个城市的精气神育化，也莫不如此才能得以确立。

心向善，则美景常在；心向上，则阳光永驻。

我以为，恰是这样的城市精气神，将决定一座城市面对风雨来袭，如何攻坚克难、披荆斩棘，又如何"斗罢艰险再出发"。

广都双流一地，五六千年前就有亚洲象生息。2005年在双流鹿溪河的支流牛头寺河就出土了大象化石。古蜀人崇象，所以"蜀"字表达了古蜀先民与大象的亲近。到西汉广开西南夷，因为气候环境变化、大量开垦土地，象群逐渐南迁。由于象群远去，蜀人产生了怀念，因而有了"想象"，这个词的初意就是表达对大象的想念，也由此可见蜀人与大象的情感。那么，置身双流这片"想象"之地，首先是无尽的想念（历史、文化），然后想念之思腾空而起（航空港经济），想念与想象如此构成了双流的羽翼。

中国作家协会散文委员会委员，四川省作家协会副主席 蒋蓝

2023 年 10 月 2 日

目录

筚路蓝缕启山林，栉风沐雨砥砺行。

目录

在中华民族奋斗历史中，有人埋头苦干，有人拼命抗争，有人为民请命，有人舍生忘死，鲁迅先生将这些人称为中国的脊梁，是爱国主义精神构筑起的民族脊梁。

　　在双流的故事里，亦不缺这样的勇毅英烈，他们将作为中华儿女的使命担当刻于骨血，将国之重任世代传承。不管是"身在曹营心在汉"的忠贞，还是"愿得此身长报国，何须生入玉门关"的壮烈，抑或是"筚路蓝缕启山林，功名皆以报国家"的雄心，双流儿女们以身做弦，以心唱和，在数千年的奋斗历史中吟咏出了一首首充盈着家国情怀的英雄赞歌。

壹

碧血丹心，精忠报国

宇文虚中：
身在金国，心向南宋

南宋建立之初，一位从双流走出的文学家、政治活动家被迫出仕入金并被尊为国师。他于千万敌军之中闲庭信步，不忘本心。他内心深处对故国的拳拳热爱，让他数次将绝密情报传回故国，终致全家被焚于异国他乡。

他是宋朝的资政殿大学士，是金朝礼部尚书，是双流传世铭记的孤胆英雄宇文虚中。

◇ 不畏坎坷，坚持建言

宇文虚中前往边境查探虚实，金人的实力比想象中还要强，这个时候进攻，无异于鸡蛋碰石头。这是宣和四年（1122年），北宋朝廷妄图结好金国讨伐辽国，

宇文虚中

以恢复燕云故境，宇文虚中被任命为权宦童贯军中的参议官。宇文虚中很快看出了女真的野心，于是耐心劝说童贯放弃收复燕云十六州的幻想，但立功心切的童贯根本听不进去。

一想到这事关大宋江山的命运，宇文虚中没有坐视不管，他又以自己的见识，苦心写下了《用兵疏》，向朝廷说明此时用兵的不利之处：

……今欲亟进兵于燕城之下，使契丹自西山以轻兵绝吾粮道，又自营、平以重兵压我营垒；我之粮道不继，而耶律淳者，激励众心，坚城自守，则我亦危殆矣！……譬犹富人有万金之产，与寒士为邻，欲肆并吞以广其居，乃引强盗而谋曰："彼之所处，汝居其半；彼之所畜，汝取其全。"强盗从之，寒士既亡，虽有万金之富，日为切邻强盗所窥，欲一夕高枕安卧，其可得乎！愚见窃以为确喻……

《用兵疏》谆谆善诱、言真意切，宇文虚中在文中还使用了一个形象的比喻：一个大富翁，他想吞并穷人邻居，扩大自家的地盘，于是找来一个强盗，对他说："干掉这个穷鬼，他的财产一半归你。"就算都做到了，邻居从一个本分的穷人换成了一个成天惦记着你家财产的强盗，从此以后，你睡觉还能安宁吗？

宇文虚中强烈建议维持与辽国的和平，以免"引狼入室"，但昏庸的朝廷并没有采纳他的意见。不仅如此，在奸臣当道的背景下，因敢于直言，宇文虚中还遭到了急于立战功的童贯、王黼等人的打击报复，被贬到集英殿担任修撰，任闲职的宇文虚中渐渐被排挤出了朝政的核心圈。

此后，北宋坚持对辽国用兵，虽然和女真联合成功灭了辽国，但是金国发展迅速，战局愈发不可收拾，渐渐形成了对宋压制的态势。

一连串的坎坷遭遇并未使宇文虚中动摇心中信念，看到北方的战况已无法挽回，他愈加寝食难安，不顾自己因上谏被贬，继续向朝廷谏言。遗憾的是，在一次次的尝试与焦急的等待之中，宇文虚中并没有得到期待的结果，北方战局以失败告终。

宣和七年（1125 年），宇文虚中再度回到朝中担任翰林学士，亲眼见证了北宋的都城被金人一步步攻破。在此形势危急时，宇文虚中挺身而出，他建议宋徽宗下"罪己诏"，检讨自己的过失，以挽回民心、守住太原。遗憾的是，前线大将郭药师叛变，宋徽宗决定割让太原。

不久，宋徽宗将皇位传给太子赵桓，即后来的宋钦宗，自己退居二线，当太上皇。宋钦宗即位后，听从了宇文虚中的多项建议，任免将领、归拢散兵，这给了宇文虚中些许安慰。

◇ 义无反顾，为国解忧

好景不长，就在宇文虚中准备重拾信心的时候，宋钦宗却在主和派的鼓动下，在汴京军民屡屡击退金军围攻之际，同金国主将斡离不签订了以割地、赔款、送人质来换取金军退离的协议。但谁也没有预料到，协议才刚达成，北宋将领姚平仲就夜袭了斡离不的军队，以惨败结尾，斡离不再次包围汴京。

宋钦宗要战无将，只得再次派人前往金营议和。由于多次派遣使臣都有去无返，此时的满朝大臣，无一人敢于领命，最终，宇文虚中挺身而出，先后三次果毅无畏地出使金国议和，不仅用三寸不烂之舌平息了金军的雷霆之怒，再次签订了和议书，还带回了作为人质的康王赵构。宇文虚中因不辱使命，被升任为枢密院事。

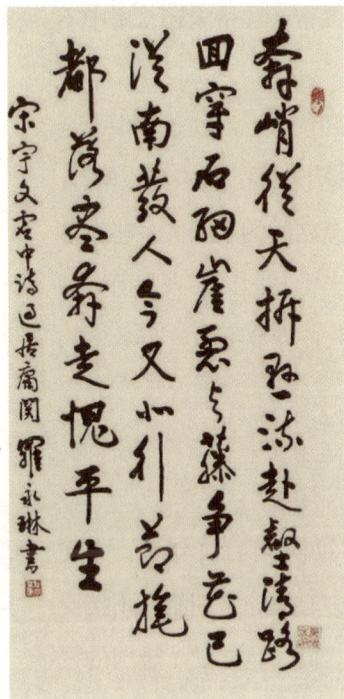

宇文虚中《过居庸关》

可惜，这来之不易的短暂和平破灭得太快。靖康之变，徽、钦二帝被俘，北宋灭亡。而临危受命、立下大功的宇文虚中因被权宦忌恨，先是遭到弹劾，被贬到青州；高宗赵构即位后，又被奸人谗言扣上莫须有的罪名，流放韶州。

到韶州后，宇文虚中本以为自己该伏于案头就此平淡一生，却不料，金人的铁蹄再次将他一脚踹到了历史的前台。

南宋初年，金兵还在大举南下，长期坚持抗金的岳飞、韩世忠等人在前线苦苦支撑，没有人看得到胜利的希望。"康王求可为奉使者"，无人能知这史书中短短 8 个字潜藏背后的凶险，以至于除了尚被贬韶州的宇文虚中，一时之间满朝文武竟没有其他人应诏。建炎二年（1128 年），宇文虚中在南宋王朝官复原职，被任命为祈请使，率领使团出使金国。宇文虚中此次的使命，是迎回被金国掳走的徽、钦二帝。且不论宋高宗是否真心希望父兄回归，从金国的立场上看，根本不可能释放地位如此显赫的人质。但哪怕明知不可能，宇文虚中心中依然充满了强烈的责任感："奉命北来祈请二帝，二帝未还，虚中不可归。"

果然，"会谈"只不过是金国的把戏和幌子，出使过程中，金国毫无诚意，仍兴兵伐宋，"已留王伦、朱升不遣，虚中亦被留"。宇文虚中没有被斩，却被软禁了。次年宋金之间的紧张关系略有些松动，金国便把一帮南宋使者放归。宇文虚中却因二帝未归而选择独留金国，王伦归宋后说："虚中奉使日久，守节不屈。"

◇ 身在金国，心向南宋

宇文虚中的才学深得金人赏识，绍兴四年（1134 年），宇文虚中被金国授官。该不该接受呢？宇文虚中心里非常纠结：不接受金国的官职，将不利于接下来的营救工作；而一旦接受了金国的授官，自己的名节就会毁于一旦。思来想去，宇文虚中还是决定接受，他打算用金国官员的身份作掩护，采取"曲线救国"的方式为南宋传送情报。不论世人怎么看待自己，最重要的是报效祖国。

此后十余年，宇文虚中在金国累官至翰林学士、知制诰兼太长寺卿，封河内郡开国公，用自己看似"变节"的行为取得了金人信任，甚至被尊称为"国师"。然而，宋人并不能理解宇文虚中的良苦用心，在宋人那里，宇文虚中收到的只有鄙薄与谩骂。可是他们哪里知道，宇文虚中此番做法中有着委曲求全的考虑，更有忍辱负重的抱负。

每当金国想要向南进攻时，宇文虚中都会极力劝阻，告诉金人江南是荒凉偏僻的地方，不值得费力攻取。他甚至在金国推行汉化政策，希望用文化征服金国，以保南宋平安。而另一方面，东北之士看见家乡被金国占领，都痛恨金国，宇文虚中知道这一情况后，就暗中与东北之士以信义结盟，为日后报国做准备。他更是不断运

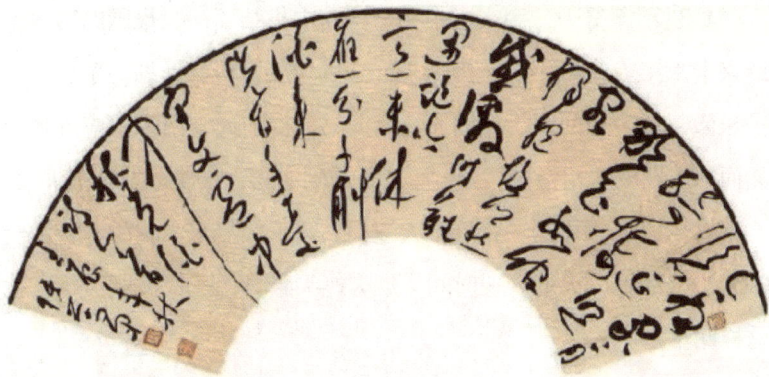

宇文虚中《中秋觅酒》

用离合诗及符录隐语的方式向南宋朝廷提供情报，有时还铤而走险，使用当时最常见的蜡丸书，"以蜡书潜言虏中事"。

宇文虚中默默地为自己认定的"大事"努力着，只希望可以等到王师北定中原的一日，他没想到的是，自己却遭到了南宋的背叛。

金熙宗一心想要归化宇文虚中，让他死心塌地地留在金国，多次敦促南宋将宇文虚中的家眷送来金国。绍兴十二年（1142 年），权奸秦桧为了讨好金国，不顾宇文虚中的恳求，亲自带着他的数十口家眷奔赴金国。

难得与家人团聚的宇文虚中怎么也高兴不起来，家人在故国，他可以放心地在金国当间谍；而现在，全家人都成了金熙宗的人质，自己的一举一动都影响着家人的安危。看着一家人都被软禁在金国，宇文虚中万念俱灰，但一想到南宋的存亡，宇文虚中就做好了舍弃自己小家的准备。他还是像往常一样，时时挂念故国，常以蜡丸封事，将秘密情报送往南宋。在他的劝阻之下，金国的数次南侵计划都作罢。

经过不懈努力，宇文虚中在金国暗中集结了一股报国的力量。绍兴十六年（1146年），70余位在金的宋朝官员，计划劫杀金主，护送徽、钦二帝回国。他们通过蜡丸书，提前通知南宋里应外合。然而，密报被奸相秦桧扣留，后来又遭到泄露，致使计划全部失败。

金熙宗怒不可遏，将这批人逮捕。为了报复宇文虚中，将他全家老小全部施以火刑。一时间，烟雾遮天蔽日，一代孤胆英雄，就这样谢幕。

宇文虚中此后一直被南宋认定为叛国奸佞，直到数十年后宋孝宗登基才为宇文虚中平反，承认他乃为国捐躯。

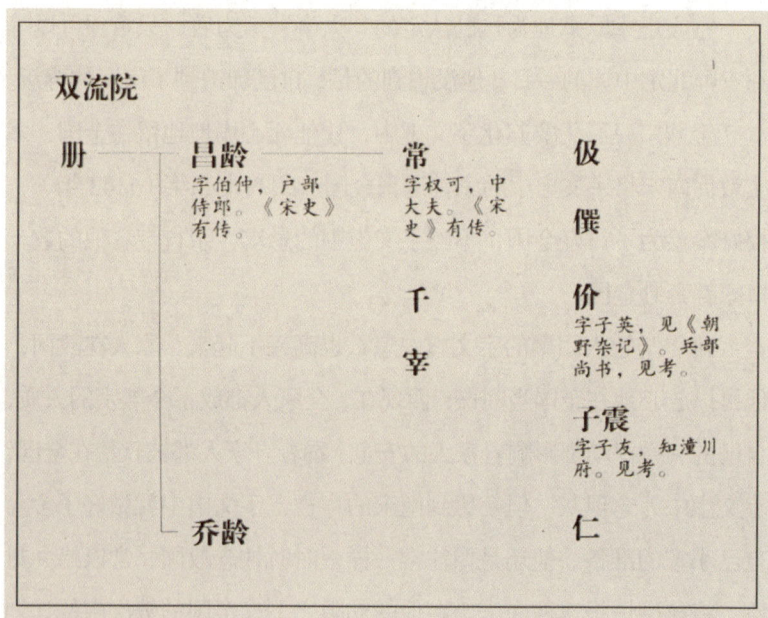

双流院

册

昌龄
字伯仲，户部
侍郎。《宋史》
有传。

常
字权可，中
大夫。《宋史》
有传。

伋
㒒

千
宰

价
字子英，见《朝
野杂记》。兵部
尚书，见考。

子震
字子友，知潼川
府。见考。

乔龄

仁

双流院宇文氏谱系表

广都院

宗象
赠太师魏国公。

邦彦
屯田员外郎,赠太师蜀国公。

- 阆中
  - 师尹
    - 绍直 留知利州。《朝野杂记》云时中孙。
  - 师皋
    - 绍良
- 粹中 《名贤文粹》目录云:字仲达。《朝野杂记》作仲理。尚书右丞,南阳郡公,赠少师。见考。
  - 师牧
  - 师献 字德济,知阆州,有墓志。
    - 绍训
    - 绍寅
    - 绍奕 字恭臣,知汉州,见考。
- 虚中 字叔通,签书枢密院,资政殿大学士,广平郡公,谥肃愍。《宋史》有传,有行状。
  - 师瑗 赠显谟阁待制,见考。
    - 绍节 字挺臣,号顾齐先生。签书枢密院事,赠少师,谥忠惠,《宋史》有传。本师说子,嗣师瑗为后。
- 时中 字季蒙,直龙图阁,华阳县男,有哀词。
  - 师申 字德闻,知蜀州,有墓志。
    - 绍恭 右迪功郎
    - 绍芳 知正州,见《鹤山集》。
    - 绍庄 登仕郎
  - 师说 字德承,奉议郎,有墓志。
    - 绍猷 知汉州
      - 景韩 将仕郎
    - 绍谔 知南溪州
      - 景修 将仕郎
    - 绍彭 字信臣,户部侍郎,见考。
      - 景琦 迪功郎
      - 景度 知顺庆府
      - 景厚 迪功郎

广都院宇文氏谱系表

　　为了南宋的江山，宇文虚中不惜牺牲自己的清白名声和全部家人，潜伏在金朝，穿梭于硝烟之中，始终为南宋悉心谋划。在奉使入金的 19 年里，宇文虚中没有因为自己的悲惨遭遇而变节，不曾为了荣华富贵而效忠金国，他对于故国的赤胆忠心并没有在残酷的时局中消逝。时至今日，我们依然会对这样的孤胆英雄肃然起敬，依旧会被他的热血与诚挚所感动。到底是怎样的信念，能让他数年如一日始终坚定；是怎样的情感，让他即便身居敌国高位，也心向故土？他给我们留下的不仅仅是一个故事，更是一个标杆。千百年来，双流人在宇文虚中的忠贞气节的鼓舞下，始终迈着铿锵的步伐，为了伟大的富民强国梦想，在坚定与热爱中勇毅前行。

抗英三杰：
赤胆忠心御外侮

　　1840 年 6 月，从印度和新加坡开来的近 50 艘英国舰船在广州海面集结，英国人的船坚炮利轰开了中国近代史的大门。

位于招宝山巅的威远城炮台

沉睡了200年的中国雄狮被打醒，从那时起国家蒙难、百姓蒙辱、文明蒙尘。承平已久的清政府被迫应战，打响了中国反帝斗争的第一战。

纵然腐朽落后、衰败无能的清政府在战斗中节节败退，最后只得委屈求和、割地赔款，但在抵御外侮的战争中，一大批奋起抵抗的将领，他们在武器、装备落后于敌人的情况下，不畏牺牲，拼死奋战，向西方列强证明了华夏儿女不屈不挠的英雄气节。从双流走出去的谢朝恩、刘汉章、祝廷彪三人便是鸦片战争中爱国将领的代表，他们被称为双流的"抗英三杰"。

◇ 镇海将领谢朝恩忠义殉国

位于镇海口南岸小浃江口的镇远炮台

道光二十一年（1841年）10月初，英军进犯镇海，时任江苏狼山镇总兵的谢朝恩接到两江总督裕谦的命令：立即带领1000余名士兵赶往镇海金鸡岭。谢朝恩深知金鸡岭的重要性，丝毫不敢怠慢。金鸡岭位于甬江下游，前方是滚滚流淌的大江，后方是山坳，地形狭长，地势险峻，这里自古便是兵家必争之地。守住金鸡岭，对扼守镇海有着至关重要的作用。

一到金鸡岭，谢朝恩就赶紧去巡视了一圈。他注意到，将炮台设在金鸡岭上，仅能用火炮攻击海上的敌军，对于登陆的敌人就无能为力了。于是，谢朝恩向裕谦报告，建议在山中设下埋伏，但谢朝恩的建议未被采纳。

10月8日，镇海口外的黄牛礁海面上黑压压地集结了许多英军的舰船，这是他们准备发动袭击的信号。两天后的清晨，英军舰队兵分两路向两岸进攻，"威利斯里""伯兰汉""布朗底""摩底士底"舰向甬江口北岸进发，"巡洋""哥伦拜恩""班延克"舰向南攻击清军南岸阵地。发起进攻后，英军兵分三路直取金鸡岭。敌军配有榴弹炮、野战炮、山炮和臼炮，在火力上占据优势。清军虽然多次反击，但后方暴露在英军的火力中，炮台被击中，兵丁们也被熊熊烈火烧得焦头烂额。

处于弱势地位的清军承受着对方枪炮猛烈的攻击，此前已丢了定海、失了蛟门，眼看金鸡岭也要不保，兵丁们顿时失了章法。

就在这时，将领谢朝恩的身影出现在了大家面前。只见他开炮击船，丝毫不见怯懦神色。在向敌人开炮的间隙，谢朝恩还不忘激

谢朝恩血战英军油画（图据镇海口海防历史纪念馆网上展厅）

励大家为保卫祖国坚决与侵略者们作战。虽然知道败局已定，但面对登陆的侵略者，谢朝恩仍然本着不屈不挠的精神，和大家一起与敌人展开战斗。他指挥自如，带领军中的炮手一起控制住局面。受到鼓舞的兵丁们又重新拾起勇气，奋勇杀敌，愈战愈烈。

可惜的是，再勇敢的士兵也需要支援，在没有后援的情况下，清军士兵最终用尽力气，遭受敌人双面夹击。在鏖战中，谢朝恩不幸被子弹打中，坠入海中。谢朝恩牺牲后，阵地失守，此时清军中只剩下了几十名兵丁。面对侵略者，清军士兵不愿让自己污于敌刃，更不愿投降，毅然跳入海中，以死殉国。

◇ 禁烟名臣刘汉章保卫佛山

1839 年 6 月 3 日，虎门海滩上人头攒动、浓烟滚滚，大家都在观看大火焚毁 100 余吨鸦片的场景。林则徐庄严的身影立在海滩上，很少有人注意到，他身后还有一位功不可没的四川籍官员刘汉章。

刘汉章亲眼见过英国的商贩在中国走私，向中国人贩卖鸦片，这些举动不仅造成中国的白银大量外流，也危害着中国人的身体健康。士兵吸食鸦片让军队战斗力锐减，吸食鸦片的官员又在包庇走私犯，如此恶性循环，大大削弱了大清的国力。看到民不聊生的景象，刘汉章在鸦片战争之前就多次上书，请求朝廷禁烟。因此，虎门销烟的壮举让刘汉章热泪盈眶。

在喜悦中，具有先见之明的刘汉章并没有放松警惕，他预料到战争无法避免，在调任到佛山后，就提前投身到抵御外敌的准备工作当中。刘汉章动员当地群众开炉炼铁，铸造御敌的大炮，同时修建工厂，制造枪械。林则徐听说了刘汉章的做法后，专门从广州赶到佛山，嘉奖刘汉章。

鸦片战争爆发后，侵略者们在佛山登陆，深知军事的刘汉章早已做好准备，他带领当地百姓，井然有序地布置抵御敌军的防线。刘汉章先是查看了佛山周围的地形，找到几个制高点，果断召集当地的青壮年将早已铸好的大炮运送到城外，在制高点上布置防线；又将造出的枪械发放到各家各户，让整个佛山全副武装。当地居民为了保卫家乡，将家中的家具搬出，堵住四方道路。刘汉章还安排兵丁与民众一起，分别在水上和陆上布防，勇猛地打击英军。在刘汉章的带领下，整个佛山戒备森严，英军再不敢来犯。

◇ 赤胆忠心祝廷彪戎马倥偬

听到定海被攻破的消息，祝廷彪只觉得心中抑郁，他回忆着自己经历过的数百场大小战斗，对于此次的鸦片战争，自己能感觉到的，只有深深的无力。

英军进犯

祝廷彪19岁从军，自那时起，他就怀抱一颗赤胆忠心为国效力。乾隆年间，祝廷彪出师西藏平叛，作战英勇，随后又参与平定黔民楚苗民起义、平定川楚白莲教起义。祝廷彪"果敢力战，善抚士卒，当时降众多生事，所部帖然，世称之"，也因此倍受皇上的恩宠，先后五次前往圆明园觐见，聆听圣训。

鸦片战争爆发后，英军进犯定海，祝廷彪立刻带兵前往招宝山，守卫海口。虽然这时祝廷彪已迈入古稀之年，但强烈的民族责任感让他不能坐视不管，在中华民族最危险的时候，他毅然决然地冲上了前线。祝廷彪不惧高龄，用一颗雄心驱使着自己年迈的身体，义无反顾地抵御外侮，为国捐躯责无旁贷。

然而，朝廷考虑到祝廷彪年事已高，半年后就让他回乡颐养天年。令人叹惋的是，回乡仅3个月，祝廷彪就在抑郁中去世，结束了自己戎马倥偬的一生。

钟灵毓秀的双流，曾经孕育出无数仁人志士，他们的气节永存，彪炳千秋。谢朝恩、刘汉章、祝廷彪三人，便是鸦片战争中精忠报国的杰出英才，他们的事迹至今仍然激励着无数双流儿女为国效力。正是因为有无数像"抗英三杰"这样的先辈，才有今天来之不易的和平。今天的双流人，更应继承先辈们身上深沉的爱国主义精神，顽强拼搏、不懈奋斗，奋进新时代、谱写新华章，同样地为我们的后来之人创造幸福。

鸦片战争"抗英三杰"（杨允澄绘）

秦载赓:
"天然革命家" 毁家纾难

1911 年前后，那是一个风雨如晦的时代，为改变中华民族的命运，无数仁人志士毁家纾难、奔走呐喊，探寻救国救民的道路，进行可歌可泣的抗争，展现了不畏强暴、自强不息的顽强意志。生于华阳的"天然革命家"秦载赓便在这一时期奋起反抗、艰苦斗争、慷慨为国，在暮霭沉沉中振臂呼喊，在黑暗之中真正做到了有一分热、发一分光。

◇ 从华阳县走出的"天然革命家"

秦载赓 18 岁时就膂力过人，他去应县上的童子试，遇到了不公正的考官，直接把考官从轿子里拽了出来，将其痛打一顿，因此被称为"天然革命家"。

秦载赓在华阳县中兴场的"安吉团"任团总时，与革命党人往来密切。其中，与秦载赓关系最为紧密的是同盟会员龙鸣剑，在龙鸣剑的影响下，秦载赓最终加入了同盟会，并率领自己的部众积极准备革命。

1911年6月，清政府将已归商办的川汉铁路和粤汉铁路收归"国有"，以出卖筑路权向英、美、德、法四国银行团借款。川汉铁路是向全川人民抽收租股集资修建的，此举激起了群众的强烈反对，因此掀起了保路运动，四川各地纷纷成立保路同志会。秦载赓也积极谋划，在大大小小的集会中积极向群众说明政府卖国的弊端，让大家认识到，当下已经到了非革命不可的时候，并借机在华阳县中兴场出面组建了同志会。

1911年7月，在同盟会的策划下，新津哥老会首领侯宝斋的六十大寿生日会上，包括秦载赓在内的有志之士们聚集在此，密谋举义。在会议上，秦载赓因"主张甚烈"，被推举为川东一带的同志会首领。

在同志军密谋举义的同时，四川的革命党人也开始组织民兵，为革命做准备。然而，革命党人兵力有限，经过商议，他们决定组织各地的哥老会，各道并举。秦载赓自然义不容辞，他以自己的名义，号召各地哥老会的首领于8月初前往资州（今内江市资中县）罗泉井，召开"攒堂大会"。在秦载赓的努力下，8月4日深夜，革命党人与哥老会首领们齐聚一堂，决定携手共同革命，确定了起义方略，并改同志会为同志军，以便严肃军纪、统一指挥。

◇ 毁家纾难装备同志军

看到准备工作逐渐完成、同志军逐渐成形，秦载赓觉得血脉偾张。清廷腐败，大家必须以革命的方式一起推翻它，维护自己的权益，走向美好的未来。想到这里，秦载赓决定把自己的一切奉献给同志军，回到华阳县后，他变卖了自家的 30 多亩祖产，将得到的钱全部用来购买枪械、制造弹药，为同志军提供充足的装备，同时筹集粮饷，积极为起义做准备。

9 月 7 日，川督赵尔丰在成都逮捕了保路运动的主要领导人蒲殿俊、罗纶等人，开枪镇压前来请愿的群众，制造了惨烈的"成都血案"。双流同志会会长向迪璋于当天下午出城，雇了一艘船赶往中兴场，把成都发生的事情告诉了秦载赓。

同时，成都的革命者们制作了数百块木板，将当天的消息写在木板上——"赵尔丰先捕蒲、罗，后剿四川，各地同志，速起自保自救"，然后在木板表面涂上桐油、包裹油纸，全部投入江中，这些"水电报"顺着四通八达的江河网络很快就传遍了四川各地。当天晚上，水电报的消息就传到了成都周边地区，不少革命党人决定起义。

义愤填膺的秦载赓也在当天敲打铜锣，召集军民千余人，冒着滂沱大雨往成都的方向进发，与其他地区的起义群众会合在一起。浩浩荡荡的人群一路高喊着"打倒满清，打倒赵尔丰"的口号，直到成都东门。

秦载赓站在东门外，任凭雨水顺脸颊流下，一想到清军还枪杀了数十名前往督署请愿的群众，秦载赓就不由自主地握紧了拳头。秦载赓的余光看到，一群模糊的身影从朦胧的雨幕中走来，靠近了才发现，他们是一群头裹白布的居民，听闻同志军前来，便从牛市口冒雨前来志哀。

前方的城门依然紧闭，清军看到东门外的人越聚越多，又增加了防守的人数。川督赵尔丰见状，再次命令官兵开枪。一时间，城楼上火光闪烁，子弹穿破雨幕，朝人群袭来。秦载赓的视线中有血红色晕开，他连忙率领众人到一旁躲避。在清军的扫射中，又有几十人中弹身亡，其中有同志军也有群众。鲜血混在雨水中，把大地染红。

群情激愤，秦载赓再也压抑不住心中的怒火，率领同志军攻击城门，大家带着刀矛与火绳枪，向前冲去。

秦载赓率领的东路同志军打响了四川保路运动武装起义的第一枪，同志军虽然攻击了城门，但由于武器落后于清军，很快就败下阵来。秦载赓看到形势不利，便率领同志军退到牛市口驻扎，同时派人前往各地，号召各地的哥老会组织其他同志军前来救援。

9月10日，已有1万余人赶来支援秦载赓。秦载赓重振信心，他一一部署，随即率领部众展开与清军的大战。虽然同志军伤亡严重，但他们成功地阻拦了要道，把川督赵尔丰困在了孤城之中。

◇ 被暗算坠马身亡

同志军逐渐形成燎原之势，闻风景从之人达到20余万。自贡荣县的保路运动先锋王天杰、龙鸣剑也率领同志军2万余人前来支援，众人一致推举秦载赓为全军统领，他不负众望，带领大军与清军在各地展开大小战斗20余次，重创清军。

随后，秦载赓又与王天杰、龙鸣剑分兵，收复各州县，势如破竹。9月28日，荣县首先独立，同志军士气大振，秦载赓也备受鼓舞，随即把重点放在了巩固革命成果上。威远地区的官绅密谋拥立清朝官吏徐昭益以复辟，被同志军发现后，秦载赓立马派人前往威远，捉拿徐昭益，将他就地正法。

1911年10月底，同志军的一个负责人邓大兴被地方官收买，变节支持复辟，秦载赓听说后，马上前往邓大兴的驻守地，历数其

双流革命烈士纪念碑

罪状，并收缴了他的印信。邓大兴恼羞成怒，当秦载赓于 11 月返回荣县时，邓大兴带领手下提前埋伏在三官楼，等到秦载赓一出城门，他们从背后连发数枪，秦载赓被击中，坠马身亡，年仅 34 岁。

　　这位"天然革命家"在革命的紧要关头，舍小家、为大家，变卖祖产，毁家纾难，以威武不屈的民族气节追求信仰，以高尚的价值尺度为国家贡献力量。他铁骨铮铮、风华正茂，让我们看到了硝烟弥漫的时代中青年的力量，也指引着今天的双流青年，敢于为真理和正义而战，挺起脊梁，朝气蓬勃，不畏黑暗，勇敢发声。

碧血丹心，精忠报国

张万选：
投笔从戎，为革命壮烈牺牲

1927 年 12 月 11 日，中国共产党人叶挺、叶剑英等领导发动了举世闻名的广州起义。这次起义以我党领导的国民革命军第四军教导团、警卫团一部和广州工人赤卫队为骨干，并召集共产党员成立行动小组，身为共产党员的双流人张万选就是其中之一。张万选在战斗中与敌人殊死搏斗，不幸壮烈牺牲，为革命做出了不可磨灭的贡献。遇强敌而不惧，临死神而不屈，张万选用热血铸就的爱国情怀、民族气节、英雄气概，构成了一个民族的精神坐标，直到今天我们仍能从他身上看到民族的精神气质。

张万选

◇ 接受进步思想

张万选于清光绪三十年（1904 年）出生于双流县金花乡（今属成都市武侯区金花街道）的一个书香门第，他的父亲是秀才，一辈子教书育人，诲人不倦。在家风的影响下，张万选兄弟五人都勤奋好学，特别是排行老二的张万选，他性格敦厚，不善言辞，尊敬师长，团结同学，宽厚待人，从小就是个品学兼优的好学生。

少年时代的张万选于县城东门外的广东会馆求学，年纪稍大时就读于双流县立第一模范小学。1920 年，张万选考入省立成都第一师范，这里的革命氛围十分浓厚，师生们都争相阅读进步书籍，并且积极开展学生运动，还成立了社会主义青年团。在这里接受到的进步思想，深深地影响着张万选的一生。

1922 年，为了争取独立的教育经费，第一师范的社会主义青年团领导全校师生，和成都市的其他学生一起，举行了罢课，并且列队上街游行。张万选随着游行的队伍在街道上前进，深深地被大家为了一个共同的目标而奋斗的热情所感染。这是他积极参加的第一次学生运动，像此时周围的其他热血青年一样，他也在风华正茂的年纪满怀一腔热血，时刻准备为国家和劳苦大众贡献自己的力量。在随后的几年里，张万选又参加了声援重庆"德阳丸"轮船惨案和声援上海"五卅惨案"的学生运动，革命热情更加高涨，很快就成为学生中的活跃人物。

◇ 投笔从戎

1926 年 5 月，以共产党员和共青团员为骨干的国民革命军第四军叶挺独立团及第七军一部作为北伐先锋，开赴湖南，揭开了北伐战争的序幕，轰轰烈烈的大革命高潮来临了。这个消息迅速传向了中国的大江南北，当然也传到了张万选的家乡四川双流。此时的张万选已经从师范学校毕业，回到了家乡双流，在县立第二模范小学担任教员，教书育人的同时，把自己的革命热情传递给下一代。

"真的吗？北伐军从广东出发了？！"听到北伐的消息后，张万选兴奋地向他的同学确认，不禁在脑海中一遍遍地想象北伐军的模样：他们一定个个意气风发，雄赳赳、气昂昂地向北进发。在得到同学肯定的回答后，他做出了一个重要的决定：去广州参加革命军。

张万选的热情感染了他的同学们，这年暑假，他们怀抱着共同的志向，一起离开家乡，结伴向广州出发。他们不畏艰险、长途跋涉，誓要实现心中的理想，加入革命军，投身革命。然而，让张万选没

广州起义

有预料到的是，还没到达广州，革命的形势就发生了变化，他们只好暂时待在南京。当年秋天，南京高等师范学校（今南京大学）恰好举行招生考试，张万选在参加了考试之后，以优异的成绩被录取。

在南京高等师范学校学习的日子里，张万选的革命热情并未消减。当北伐军攻占武汉的消息从那座华中重镇传来时，身在南京的张万选无比兴奋，他整夜辗转反侧，只觉得胸中翻涌着无尽的暖流，兴奋得睡不着，不知不觉就到了天亮。

看着初升的太阳，张万选觉得自己必须向光和热靠近，他再也无法压抑自己的感情，决定再次出发，投身到革命之中。张万选告别了南京高等师范学校的老师和同学，坐船往武汉赶去。1926 年10 月，张万选在武汉考入了黄埔军校，成为武汉分校第六期的学员。至此，张万选投笔从戎的理想终于实现了。

◇ 为革命壮烈牺牲

1927 年 4 月，第二次北伐战争开始，黄埔军校武汉分校的学生们和北伐军一起前往河南，攻打南窜的张作霖部，张万选参加了这次军事行动，6 月征战结束，随军返回武汉。令他没想到的是，此时政治局势已发生巨变，继蒋介石发动"四一二"反革命政变之后，汪精卫集团又发动了"七一五"反革命政变，共产党掌握的武装力量随时有被国民党反动派消灭的可能。因此，武汉分校改为国民革命军第二方面军军官教导团，后又改为国民革命军第四军军官教导团，由叶剑英直接领导，张万选被编在教导团的三营九连。

在叶剑英领导下，张万选随部队南下，于 10 月抵达广州，驻扎在"四标营兵房"。12 月 11 日，广州起义爆发，教导团是这次起义的主力军。张万选此时已经加入了中国共产党，作为教导团中

广州起义烈士永垂不朽纪念碑

的共产党员，他被编入了临时组成的行动小组之中。14日上午，张万选所在第三营对盘踞在沙面、下角、白鹅潭和宝壁舰上的国民党军队发动了进攻。在殊死决战中，行动小组表现尤为壮烈。尽管张万选平日主要搞文化宣传工作，但在战斗时他踊跃参加突击战斗，没有丝毫的怯懦，为了中国的革命事业，他无所畏惧地向敌人发起了一次又一次的进攻。在这次战斗中，张万选不幸被子弹击中，将自己的青春永远留在了战场上。

张万选牺牲时年仅23岁，他的一生短暂却灿烂。然而，在随后的数十年间，他的事迹却一直不为人所知，他的家人也不知道具体发生了什么。直到1985年，广东革命历史博物馆提供了线索，根据张万选在黄埔军校武汉分校第六期的同学、一起参加广州起义的战友、成都市人民政府参事室参事朱冕群老人回忆，张万选的光辉革命事迹才为世人所知。成都市东城区人民政府报请上级批准，追认张万选为广州起义的革命烈士。

广州起义纪念碑浮雕

天地英雄气，千秋尚凛然。张万选为了革命奋不顾身，最终英勇牺牲，在历史上留下了光辉的一笔。如今，在张万选为之战斗、为之牺牲、为之长眠的土地上，岁月静好、生机勃勃，他曾孜孜以求的美好理想已成为现实。对英烈最好的纪念，就是以烈士为榜样，传承红色基因，发扬革命传统，坚定理想信念，养成浩然之气，接续推进他们为之拼搏的伟大事业；对英烈最好的告慰，就是以更加昂扬的精神状态和奋斗姿态，凝聚推动新时代改革发展的强大力量，创造无愧于时代、无愧于人民、无愧于先辈的业绩，让明天更好。今天的双流人民，被张万选英勇无畏的革命气概所感染，更应深刻领悟中国共产党的初心和使命，继承烈士遗志，牢记后来者的使命和责任，催发为实现人民对美好生活的向往而不懈奋斗的壮志。

彭德明：
在蓝天之上谱写青春之歌

1937 年 11 月 11 日拂晓，随着队长徐卓元的一声令下，中国空军三架美制"罗斯洛"轰炸机从南京起飞，向东飞行，消失在迷蒙的晨雾之中。

驾驶这三架轰炸机的飞行员，都是刚从杭州笕桥中央空军军官学校毕业不久的学生，他们此次奉命轰炸的是停泊在舟山群岛以北大戢洋面上的日本航空母舰"龙骧号"。

在中国战场上，"龙骧号"可谓臭名昭著，航母上的 15 架 95 式舰载战斗机，多次空袭上海、杭州、广州等地，给中国军队和平民造成了很大的损失。除掉"龙骧号"，势在必行。

半小时后，中国空军发现了目标，队长徐卓元发出了攻击指令，三架列队飞行的战机怀着满腔怒火，拉开架势，向"龙骧号"俯冲而去。

瞬间，巨大的爆炸声震动了海面，滚滚的浓烟冲上了云霄。在一片火海中，"龙骧号"变成了一艘摇摆不定的破船，甲板上的舰载机，有的已经身首异处，有的被震落大海，在我军猛烈的攻击下，最终13架日机被炸毁，受到重创的"龙骧号"仓皇逃窜，逃回了日本。

在激烈的战斗中，中国空军的两架轰炸机被击落，飞行员壮烈殉国。其中，就有来自双流的杰出青年彭德明。

◇ 从双流东升镇走出的热血青年

彭德明本名彭德芳，因在报考杭州笕桥中央空军军官学校时，借用了兄弟彭德明的高中毕业文凭，遂改名为彭德明。他于1913年出生于四川双流县东门外彭家碾（今东升街道）的一个尚武之家，他的先祖彭阳春是清朝的武状元。彭德明在青年时投笔从戎，走上抗日救国之路，或许与家族尚武的传统不无关系。

幼年时，彭德明随家人住进双流县中，进入私塾接受启蒙教育，随后又随父母前往成都，就读于文庙后街的省立南城小学。彭德明的成绩一直很优异，从南城小学毕业后，他考入了成都成属联中（今成都石室中学）。在成属联中读书的日子里，彭德明被学校中的良师益友包围，常常受到他们的鼓励，在环境的熏陶下，彭德明养成了高尚的情操，他积极维护国家及民族利益，并多次参加成都的爱国学生运动。

1929年，彭德明考入了上海浦东高级中学，在数理班就读。在上海，外滩公园大门口一块牌子上的8个字深深地刺痛了彭德明的心——"狗与华人不准入园"。各国的殖民者在上海划定租界范围，趾高气扬地欺压中国人民，在中国的土地上耀武扬威，对这一切，彭德明感到既愤怒又无力。上海如此，祖国内地的情况可能更加严重，想到这里，彭德明立下誓言，一定要为振兴中华贡献自己的力量，改变中华民族积贫积弱的局面，把侵略者们从中国的土地上赶出去。他怀抱读书救国的理想，每日刻苦学习，发誓要实现自己的救国理想。他还坚持每天诵读诸葛亮的《出师表》、岳飞的《满江红》和文天祥的《正气歌》，以此警示自己不忘初衷。

◇ 投笔从戎的抗日救国之路

1932 年，日本关东军高级参谋板垣征四郎串通日本上海公使馆助理武官田中隆吉，伙同间谍川岛芳子在上海制造事端，发动了一·二八事变。日方唆使日本僧人向中国的工人义勇军投石，这次挑衅导致双方发生了冲突。田中隆吉暗中派人将日本僧人打成重伤，以此为借口，砍死中国警员，先提出无理要求，又从日本调兵。

在这次事变中，国民革命军第十九军奋勇作战，死守闸北，有效地遏制了日军的攻势。这次发生在上海的战争向全体中国人敲响了抗日救亡的警钟，全国各界人士都被动员起来贡献自己的力量。早有报国之心的彭德明也看在眼里，急在心里。他迫切地想要为前线的抗日将士助一份力，于是果断地放弃了自身学业，积极投身于为军队筹款的活动中。那段时间，彭德明和他的那些志同道合的同学们，每日废寝忘食，奔走于街头巷尾，只为了慰劳这群抗日勇士。在这一过程中，彭德明目睹了战争对于普通百姓的摧残，真切地感受到了战争的残酷，那些因为战争家破人亡的家庭让彭德明受到了极大的触动，更加激发了他的家国情怀。

然而，让彭德明没有想到的是，国民革命军第十九军最终因为弹尽粮绝，不得不撤退。听到这一消息的彭德明失声痛哭，日本侵略者还在上海滥杀无辜，肆无忌惮地凌辱中国同胞，国家和民族的前路该往何处寻？冷静过后，彭德明决定投笔从戎，走上抗日救国的道路。

彭德明和几个志同道合的朋友一起离开了上海，乘火车前往杭州笕桥，一起投考中央空军军官学校。当时每期报名参加空军选拔的年轻人约有1万人，能够通过层层筛选进入正式训练的只有400人左右，通过率仅有4%。由于选拔的难度非常大，加之经验不足，彭德明第一次考试失败，但他并没有气馁，而是加倍努力。终于，皇天不负苦心人，彭德明在第二次考试中以优异的成绩被中央空军军官学校录取，被编入第六期甲班，学习轰炸机的驾驶技术。

得遂凌云愿，空际任回旋，报国怀壮志，正好乘风飞去，长空万里，复我旧河山，努力，努力，莫偷闲苟安，民族兴亡责任，待吾肩，须具有牺牲精神，平展双翼，一冲天！

——中央空军军官学校校歌歌词

中央空军军官学校是中国空军的摇篮之一，学校这首气势雄浑的校歌伴随着彭德明度过了3年的学习生涯。每天以这首歌作为激励，彭德明刻苦学习，认真训练，严格要求自己，不断提升自己的飞行技能，最终练就了过硬

中央空军军官学校校训石碑

的军事素质和良好的专业素养。那些日子，彭德明时常会仰望着空中飞机机炮喷出的火舌，想象着日后自己和同学们一起面对敌人、与敌人决战蓝天的场景。

时间很快来到了1937年，彭德明3年学习期满，顺利毕业。就在他毕业后不久，上海又爆发了八一三事变，彭德明被编入空军

第二大队第十四中队作战。事变爆发第二天，彭德明就奉命驾驶轰炸机，对日军的阵地进行轰炸。他辗转于塘沽和淞沪之间，先后轰炸了日军大本营、日本驻上海领事馆，还击沉过日军的战舰，实现了自己的报国理想。在彭德明完成了轰炸日本海军旗舰的任务后，他怀着激动的心情将这件事通过电报告诉了远在家乡的双亲："敌舰纷纷起火下沉……回翔至济南，受到万人空巷的欢迎，使我感慨万分，热泪涕零，其意气之盛可谓壮哉！"

◇ 蓝天英雄陨落

1937 年 11 月 11 日，彭德明在南京明故宫飞机场登机，在清晨阳光的映照下，中国的"罗斯洛"轰炸机队显现出磅礴的气势。彭德明戴好飞行帽，向地勤人员打了个一切正常的手势，拉上了盖窗。他集中精神，神情肃穆，待信号枪一响，就架着飞机滑进跑道。

就像之前的无数次训练一样，彭德明和战友们一起，驾驶

彭德明

轰炸机排列成人字形，轰鸣着驶向蓝天。彭德明不禁回忆起自己 3 个月来的战斗经历，他前往南北各线，奉命完成了 8 次轰炸任务，每次都取得了出色的成果，受到长官的表扬。

这次的轰炸目标"龙骧号"在日军的所有航空母舰中，排水量居于第三，可以乘载 36 架中、巨型飞机，简直是个可怕的怪物。

此次出征前，彭德明和战友们各自写下"绝命书"，他们一致决定，如果被"龙骧号"发现，并在还没来得及轰炸时就遭到还击，那么大家就驾驶着自己的飞机扑向"龙骧号"的烟囱，与它同归于尽。

好在轰炸任务顺利完成了，一颗颗炸弹被投到了母舰上，很快燃起熊熊大火，"龙骧号"甲板上的飞机相继葬身于大海之中。正当"罗斯洛"轰炸机队兴高采烈地返航时，却突然遭到日军飞机的截击。彭德明发现日军战斗机正在接近机队，当机立断调转机头与敌军缠斗在一起。眼看追击的日军战斗机越来越多，彭德明为了掩护战友撤退，拼死作战，最终不幸被日军迫击炮击中，在东海花果山海域坠海，年仅24岁的蓝天英雄壮烈牺牲。

彭德明年纪轻轻就立下了报效祖国的远大理想，在对日军航空母舰的攻击行动中，他抱定了必死的决心，在战场上没有其他战机掩护的情况下，彭德明以同归于尽的气势与日军战斗机缠斗，最终为国捐躯。彭德明的身上，充分表现出了中国军人的血性与勇气。

彭德明以自己的拳拳爱国之心实现了报国誓言，他的精神也激励着无数双流后辈走上抗日救亡之路。时至今日，仍然有无数人去纪念、缅怀这位蓝天英雄，他在蓝天之上谱写出的青春之歌，是对双流精神最好的诠释。

郭勋祺：
在黑暗中拥抱光明

山河破碎不须忧，收复二京赖我辈。

此去江南风景好，相逢应是在扬州。

1938 年，郭沫若曾作此诗，盛赞一位中国军人作战勇猛、战功突出，这位中国军人还被国际友人史沫特莱称赞为"世界上最聪明勇敢、见识超群的爱国志士"，这位中国军人就是抗日战争中的传奇、川军骁将郭勋祺。

◇ 国民党中的进步人士

郭勋祺出生在四川华阳永兴乡（今四川天府新区永兴街道）的一个自耕农家庭，他早年命途坎坷，3 岁丧父，7 岁丧母，在祖母和伯父的抚养下才得以长大。命运让郭勋祺尝遍了生活的艰辛，但苦难也打磨了他的意志。从小目睹了底层人民的苦难、国家的贫弱

郭勋祺与家人合影

以及列强的横行霸道的郭勋祺立下志向，要驱逐鞑虏，让人民过上幸福的生活。为了实现自己的理想，他拿起武器，从戎报国。

因为作战勇猛，郭勋祺飞速擢升，受到大军阀刘湘重用的他数年之间便坐上了旅长的位置。但是好景不长，没多久他就遭到了罢免，原因是他热衷于参加革命进步活动。原来，早在 1922 年，郭勋祺便与陈毅相识，有着朴素进步意识的郭勋祺与陈毅一见如故，两人从此开始了一段频繁的交往，在这期间，郭勋祺深受陈毅的影响，在国家和社会问题上，他的思想逐渐向共产党靠拢。

在陈毅的影响下，郭勋祺频繁参加进步活动，他的行为引起了刘湘的警惕。1926 年，郭勋祺参加了由吴玉章、杨闇公、朱德、刘伯承等召集的"顺泸起义"会议。顺泸起义失败后，郭勋祺被刘湘褫夺兵权。遭受迫害的郭勋祺并没有停下追求进步的步伐，在有限的条件下，他想尽办法向共产党传递消息，提供帮助。

1927 年，重庆打枪坝举行了反对英美帝国主义的群众大会，在反动军阀的迫害下，这场群众大会演变成了震惊全国的"三三一"惨案，整个四川笼罩在一片白色恐怖当中。危急关头，郭勋祺向共产党人伸出援手，他违抗上司的命令，收留了包括陈毅在内的多名共产党员，并想办法将他们送离四川。因为各种原因，这一时期的郭勋祺没能彻底投身于民主进步运动，但郭勋祺仍在国民党的层层限制之中，竭力追求进步，为民族的未来而奋斗。

◇ 在黑暗中踽踽独行

虽然积极参加进步运动，但郭勋祺并没有遭受太多的冷遇。军阀刘湘很是赏识这位作战勇猛的良将，因此郭勋祺很快就再次被起用。1937 年，全面抗日战争爆发，郭勋祺被任命为一四四师师长，领导川军出川抗日。

抗日战争时期，郭勋祺从民族大义出发，积极团结共产党共同抗日。1938 年，郭勋祺担任五十军军长，当时五十军的防区与新四军毗邻，郭勋祺与共产党来往频繁，陈毅曾多次到五十军中看望郭勋祺，郭勋祺也经常邀请陈毅、谭震林等共产党员给五十军的官兵做抗日救国的演讲、培训。此外，郭勋祺还多次给予新四军物资支援，提供枪械弹药。双方精诚合作，在抗日战场上发挥了巨大作用。

身处国民党之中，郭勋祺一系列"联共"的行为，自然不为以蒋介石为首的国民党所容，尤其是在他的"伯乐"刘湘已经病

郭勋祺

碧血丹心，精忠报国

逝的情况下，郭勋祺在国民党阵营中，更加举步维艰，他既要谨慎地保持联共抗日的局面，又要面对来自"同僚"的监视，还要警惕国民党制造的各种反共摩擦。在极其艰难的情况下，郭勋祺小心翼翼地维持着当前的局面。

但不论郭勋祺如何努力，他的行为始终不为国民党所容，同僚的告密和谗言，让郭勋祺遭到了蒋介石的猜疑和忌惮。1939 年年末，蒋介石以作战不力为由，罢免了郭勋祺的职务，并将他调回重庆，加以监视。无奈之下，郭勋祺怀着满腔不忿，挥泪告别了战场。为了民族和大义，郭勋祺始终坚持联共抗日的主张，但在国民党中，他的主张得不到赞同，也得不到帮助，他始终不为国民党所容，只能一个人踽踽前行。

◇ 追求光明与和平

抗战胜利后，国民党阴谋发动内战，抢占胜利果实。蒋介石将目光放在了被罢黜已久的郭勋祺身上。郭勋祺的军事能力有目共睹，蒋介石也希望郭勋祺这员将才能够增加他胜利的砝码，于是逼迫郭勋祺担任第十五绥靖区副司令，驻守襄阳。但郭勋祺无意内战，他消极防守，撤退避让，避免与解放军作战。1948 年 7 月，解放军攻破襄阳，郭勋祺被俘。

解放军将郭勋祺护送到中原军区，在那里，郭勋祺再次见到了阔别已久的老友刘伯承和陈毅。老友的以诚相待，加上在解放区看到的新气象、新局面，让郭勋祺深刻地认识到，只有共产党取得胜利，才能实现真正的和平，才能让人民当家做主，才能有光明的未来。他决定为了光明与和平贡献自己的力量。

1948 年年底，郭勋祺接受了刘伯承、陈毅的委托，回到四川，策反国民党军队，谋划起义。郭勋祺回到四川后，殚精竭虑地谋划策反工作，他利用在四川的旧关系，联系在成都四周驻扎的国民党军队领导，开展策反工作，在经历一系列艰苦的谈判后，他与国民党十八兵团总司令李振签署了和平公约，促成了成都的和平解放，为家乡的百姓带来了光明与和平。

"鸡已经鸣了，起来哟，不要永恒地睡着！帝国主义打倒后——才能实现你们的快愉、安乐！"这是抗战时期郭勋祺的妻子为郭勋祺在枕套上绣的两句话，郭勋祺一直将这只枕套带在身边。两句欲雪国耻的诗句，一只绣着诗句的枕套，寄托着郭勋祺英勇杀敌、爱国守家的期盼。"非图一国一族之得失，旨为五洲苍生之乞活。"郭勋祺用显赫的战功、深沉的爱国热情、坚定的决心和毅力，为全中国人民的"快愉、安乐"做出了巨大贡献，使平等与自由之花盛放在他挚爱的这片热土上。

面对艰难险阻，郭勋祺坚持了他"一切即是革命"的信仰，经历战火纷飞的革命岁月，他的人生终于得以超越自己，与时代联系在一起，并为人民所铭记。他的一生证明了人性的伟大，体现了革命敬业、爱国奉献、自我超越的人生追求，对于今天的双流人而言，有着不可磨灭的启示意义，指引着双流人民珍视当下来之不易的幸福生活，以无比昂扬的热情投身于社会主义现代化建设，为中华民族的美好明天而奋斗。

丁地平：
用生命践行革命誓言的红岩烈士

　　《红岩》这部小说影响了一代又一代的读者，尤其在老一辈人心中，它是永恒的经典，其中江姐和狱友为庆祝新中国成立而在狱中绣红旗的故事，让无数读者感动落泪。实际上，这一情节是根据双流人丁地平和狱友绣红旗的亲身经历改编的。《红岩》中的人物丁长发的原型便是丁地平。

革命烈士丁地平

◇ 更名明志

　　丁地平原名丁青云、丁志诚，1911 年 2 月 25 日出生于四川省仁寿县籍田铺（今四川天府新区籍田街道）丁家河坝的一个佃农家庭。

这一年爆发了辛亥革命，在革命风起云涌之际，丁地平来到了这个世界；而在新中国成立的 1949 年，丁地平把生命奉献给了革命事业。或许这正是冥冥之中的一种注定。

在乡中念私塾时，丁地平表现出了过人的天赋，别的孩子觉得晦涩难懂的文章，丁地平很快就能记住，因此家族长辈对他寄予厚望，指望他光宗耀祖，便决定以家族祠堂的名义资助他到成都协和中学读高中。

进入协和中学后，丁地平每次考试各门功课成绩均名列前茅。在努力学习的同时，他还很关心时局，喜欢和同学们热议国事。尤其是九一八事变后，他看到国家被侵略，人民被奴役，便毅然决然和同学们走上街头参加爱国运动，主张"抵制日货""还我河山"。寒假回家，他继续在家乡进行爱国主义宣传，向人们讲述帝国主义对中国的侵略和对中国人民惨无人道的罪行，但是族中长辈指责丁地平"不务正业"，停止了对他的学业资助，同时勒令他父亲叫他停止学业回家务农。就这样，丁地平被迫回到了家乡。

回到家乡后，丁地平经营菜园，卖菜糊口，勉强维持生活。1932年的一天，丁地平在街上卖菜时被路过的国民党二十四军抓了壮丁。因不堪忍受军队里兵痞们的打骂折磨，在一个雾色弥漫的晚上，他悄悄翻过军营的高墙，逃回了家。这段经历更加激发了丁地平对国民党反动派和军阀的仇恨，他渴望推翻旧社会，建立一个民主平等的新社会。

逃回家的丁地平一边在私塾教课，一边继续卖菜，与广大农民兄弟交朋友。日子平淡地过着，但是在那个乱世他并没有让自己置身事外。丁地平佃农出身，亲身经历自己肚子都吃不饱还要给地主交粮的悲惨生活，此番回家后又目睹了身边农民的苦难，于是十分向往孙中山先生"三民主义"中"平均地权"的主张，便愤然将自己的名字改为"地平",寄托对建立地权平分、人人有地种、人人有饭吃的理想社会的希望,提醒自己为实现"耕者有其田"的理想而奋斗,而他也用一生践行了自己的革命理想。

◇ 投身革命

全面抗日战争爆发后,南京金陵大学于 1938 年临时搬迁至成都,并在籍田铺租地办农场,创办农业补习学校。丁地平进入补习学校半耕半读,两年后毕业留校工作,担任教员、农场管理员等职,还编写了教材《韭菜栽培法》。在这段时间,丁地平无论是身体还是内心都遭受了巨大的痛苦,先是自己生病,九死一生才挺了过来,随后不久,儿子生病却无钱医治最终病死家中。巨大的悲痛进一步加剧了他对这个黑暗世道的不满与愤恨。

1940 年,丁地平在螟虫防治的宣传中,结识了中共党员、籍田小学教师苏世沛,并逐步与其成为知心朋友。苏世沛引导丁地平阅读了大量的革命书籍和地下刊物,如《抗日民族统一战线教程》《抗日的八路军》《怎样动员千百万农民》等。这些书犹如一盏明灯照亮了丁地平的内心,给他打开了一个全新的世界,让他对中国未来的方向有了一个清晰的认识。经过一段时间的学习、思考,丁地平发现,只有共产党才能救中国,也只有共产党才能实现他的理想。于是,经过苏世沛介绍,丁地平加入了中国共产党,他下定决心:"为了我们贫苦农民自己有地种,我甘当人民的牛。"从此义无反顾地走上了为贫苦人民谋幸福的光明大道。

入党后,丁地平进一步明确了自己人生的意义,积极投身于革命工作之中。他常常以教员的身份为掩护,在前往仁寿、彭县、华阳等县宣传防治螟虫时,为党秘密传送《新华日报》,并且积极宣传共产党的抗日民族统一战线方针政策和八路军在前方打胜仗的消息。一次送信时，丁地平不慎在眉山被抓，所幸当时眉山监狱管理松散，丁地平用钱收买了狱卒，逃了出来。

1942年，丁地平通过"桃园三结义"的方式，结交了不少青年朋友，并组织"读书会"，帮助青年农民读书识字，同时宣传马列主义思想，以此提高青年的政治觉悟和文化水平。在长期的斗争中，丁地平认识到"穷人越有力量，吃亏越少"，于是他将"读书会"中思想进步的青年组织起来，发展成了"青年会"，并在"青年会"中发现、培养积极分子，吸纳政治觉悟高、符合条件的青年加入中国共产党，为党的发展壮大注入更多力量。

1943年，根据党组织的决定，丁地平从金陵大学农业补习学校退职回家，担任籍田第十九保保长，以此身份作为掩护，从事党的秘密工作。1944年冬，上级党组织任命丁地平为中共籍田地区党组织负责人，直接受中共川康特委领导，同时分管煎茶党支部工作。1946年至1947年，籍田地区久晴天旱，小春歉收，大春秧田龟裂，当地地主豪绅不顾群众死活，不但不减租，还垄断粮油市场，贱买贵卖，囤积居奇，粮价一日数涨，许多农民买不起粮，只能靠吃野菜维持生活。有的农民被活活饿死，有的农民因误食有毒野菜中毒身亡。面对这一幕幕人间惨剧，丁地平心里十分着急。在上级党组织的帮助下，丁地平把受灾群众组织起来，开展了"抗丁抗粮"和反饥饿"吃大户"的斗争，取得了一定的成效，既帮助饥民渡过了难关，也让当地党的群众基础更加坚实。丁地平在开展工作时，深孚众望，为下一步在籍田举行武装起义创造了有利的条件。

◇ 武装起义

1947 年 2 月，中共中央政治局决定在国统区开展农村游击战争，中共川康特委指示籍田地区地下党组织，配合雅安的武装斗争，从敌人手中夺取武器武装自己。斗争一旦胜利，就可以成立川康边人民游击队，开展游击战。接到任务的丁地平立刻行动起来，研究敌情，制订方案，筹备枪支弹药，进行队伍整编训练。

一切准备就绪，1947 年 9 月 5 日上午，在武装起义的战前动员大会上，身体单薄的丁地平站在起义队伍前大声疾呼："全中国就要解放了，我们渴望的'家家有地种、人人有饭吃'的日子就要到来了，不受剥削的日子就要到来了！" 12 个战斗组 400 余人听完丁地平的演说，斗志昂扬、信心倍增。

此前，丁地平早已做好了准备工作：他带着自己的侄孙装成购买瀙水的样子，前往驻有收兵连的地区打探虚实；收集大家掌握的有枪的处所信息，用粉笔在门上做标记；设置好战斗司令部，规定了战斗口号，并部署进攻、警卫、掩护工作。

这天夜里，起义队伍带着 60 多杆枪冲到了籍田街上，起义的口号最初定为"前进"，后在路上改成"胜利"。按照之前的计划，丁地平率领起义者们很快就冲进了籍田区署，他们切断电话线，夺取了电话机，将睡眼蒙眬的署内人员全部擒获，关押到一间空屋里，收缴了大量枪支弹药。意外的是，当天有一支从仁寿县来的警察分队押送钱款路过籍田铺，夜里就住在街上的旅馆内。听到枪响，警察们以为是有人要抢劫钱款，连忙起床戒备。他们随后在旅馆外与丁地平领导的起义队伍遭逢，双方展开激烈战斗。

起义者们大多是农民，平日里缺乏训练，也没有作战经验，与警察队伍短兵相接后逐渐抵挡不住。在战斗的过程中，丁地平不幸腹部受创，血流不止，但他按住伤口，继续坚持战斗。队伍应急无措，又与司令部失去了联系，战斗已无法向纵深发展，丁地平强忍伤痛，指挥队伍带着缴获的 2 支手枪、12 支步枪、1000 多发子弹和 1 部电话机在夜幕的掩护下撤出战斗。

籍田武装起义发生后，国民政府立即派出大批军队前去镇压，上级党组织通知起义队伍分散隐蔽，武装起义骨干分批被转移到资中和洪雅山区隐蔽。丁地平也隐蔽起来养伤，伤愈后化名苏传汀，在资中以修路作掩护开展党的革命活动。

◇ 不幸被捕

1947 年 11 月底，丁地平经川康特委批准，在表侄何凤楼的帮助下，化名丁文，到重庆国民党中央医院工作，借此隐蔽。这段时间里，丁地平常常深夜秘读《国家与革命》《论联合政府》《新民主主义论》《论共产党员的修养》等进步书刊，同时阅读国民党的报纸，收集和分析出革命信息。丁地平还在一些进步青年中宣传马列主义，并且在医院工人中组织"互助同盟会"。在"互助同盟会"中，丁地平依然用之前在"读书会"时"歃血为盟"的方式结交朋友、团结工人，这为后来重庆解放时工人们主动组织起来保护医院财产不受敌人破坏奠定了基础。

丁地平在重庆中央医院工作的这段时期，因之前有地下党员被捕叛变，组织联系被迫中断。1949 年 5 月，丁地平辞去工作回到成都寻找党组织。在找到党组织并汇报工作情况后，党组织指示他继续回到重庆开展斗争。

但是，大家都不知道的是，在丁地平离开重庆的这段时间中，他已经暴露了。国民党到中央医院搜捕一名姓苏的共产党员，此时中央医院只有一名19岁的女护士姓苏，显然不是抓捕目标，所以，国民党要抓捕的其实就是曾经化名苏传汀的丁地平。丁地平表侄何凤楼见此情形，连忙找到其他同志商议，决定等丁地平来重庆后，让他到寿泰安纱厂张骥处暂避。

然而，丁地平回到重庆后，却不同意去暂避，要求回医院复职，他认为不复职反而会引起敌人的怀疑，更会危及其他同志的安全。

不幸的是，刚回重庆中央医院没几天，5月21日上午11点左右，一辆吉普车突然停到医院门口，车门打开，几个特务直奔丁地平而来，他被以"远是领头搞武装暴动，近是刺探军情"的罪名逮捕。

丁地平被捕后，敌人对他用尽了各种酷刑，但是丁地平宁死不屈，没有一字口供。敌人只能给他戴上沉重的脚镣，转到被称作"两口活棺材"之一、犹如人间地狱的白公馆监押。在白公馆，敌人先是将丁地平安排在一个单间，以高官厚禄诱惑其投降，遭到丁地平蔑视和辱骂后，又用各种酷刑折磨他，以图击垮他。丁地平意志坚定，软硬不吃，除了姓名与性别外再没有开口。敌人只得将他转移至楼下平二室牢房，与其他"政治犯"关押在一起。

在监狱里遭受酷刑是家常便饭，丁地平经常遍体鳞伤、血迹斑斑，但他一直严守着党的秘密。即使是在这样的绝望中，他依旧保持着乐观主义精神，常常引用狱中同志的诗来勉励自己，也鼓舞狱中的同志："熬过冬天，迎接春天。对着酷刑，我们要放声大笑，让笑声埋葬蒋家王朝……"

◇ 狱中的红旗

在白公馆监狱里，丁地平与其他同志一起相互鼓励、相互帮助。面对敌人的百般折磨，他们没有屈服。大家都有着共同的理想和信念，他们坚信，全国解放、人民自由的那一天一定会来到。他们采取各种方式与敌人周旋，同敌人斗争，并通过仅有的"放风"机会串联起了整个监狱的同志，大家悄悄传递着革命的消息。

进入 10 月之后，天气渐渐冷了下来。有一天吃饭的时候，丁地平发现碗里有一个东西，他立即意识到这是负责送饭的同志传递来的新消息。他给其他同志使了一个眼色，让其他同志在牢门口打好掩护，自己则慢慢走到墙角敌人看不见的地方，打开了饭里面的小纸团，只看了一眼，喜悦之情便溢于言表。原来纸条上写着：新中国成立了，第一面五星红旗在天安门广场冉冉升起了！

他当即把这个天大的好消息告诉同牢房的同志们，大家热泪盈眶、欢欣鼓舞。他们坚信，自由的日子已经不远了。他们决定也制作一面五星红旗，迎接胜利的到来。在没有敌人监视的时候，他们将自己珍藏已久的红色绣花被面拿出来，用黄纸剪成了五角星，用米饭粒贴在拆了绣花的红被面上，做出了一面"五星红旗"。他们没有见过真正的五星红旗，不知道五星怎么排列，就凭借着想象将最大的那一颗星星放在了红旗的正中，将另外四颗小一点的星星放在了这面旗帜的四个角上。为了不被敌人发现，他们将做好的这面红旗藏在了屋角的一块木地板下面，准备等到重庆解放的那一天，高举着这面红旗冲出去。

旗帜做好后，他们抑制不住兴奋之情，集体创作出了诗歌《我们也有一面红旗》：

> 我们有床红色的绣花背面，
> 把花拆掉吧，这里有剪刀。
> 那黄纸剪成五颗明亮的星，
> 贴在角上。
>
> ⋯⋯⋯

从敌人的集中营里，

我们举起大红旗，

洒着自由的眼泪，

一齐冲出去！

他们期待着胜利，也坚信胜利那天很快就会来临。遗憾的是，丁地平最终没能等到举着红旗冲出去的那一天。

随着解放大军的强大攻势，反动派如秋风扫落叶一般节节败退，他们感觉到末日来临，时日无多，开始了最后的疯狂。11月27日，白公馆的特务分子对手无寸铁的革命者展开惨绝人寰的大屠杀，狱中很多同志被叫出去就再也没有回来。随着一道手电筒打出的寒光，牢门外传来了敌人冰冷的嘶吼声："丁地平出来。"听见吼声，丁地平知道，属于自己的最后时刻来到了。面对敌人的屠刀，他怀着坚贞不屈、视死如归的革命英雄气概，与同志们一一握手告别后，对大家说道："同志们，我先走一步了，大家坚持住，胜利就要到来了！"面对门外敌人的不停催促，丁地平一边向门口走去，一边对着敌人大喊："嚎啥子，你丁爷爷来了！"临出门时，他又大声疾呼："中国共产党万岁！毛主席万岁！"丁地平戴着镣铐，昂首走出了牢门，被敌人押上了刑车。大义断头留壮烈，忍看红旗血染成。在重庆解放前3天，丁地平壮烈牺牲，年仅38岁。

1950年2月，重庆市人民政府批准丁地平为红岩英烈。

今天，在重庆歌乐山革命纪念馆，还陈列着那面与众不同、意义非凡的五星红旗。它由当时绣红旗4个人中唯一的幸存者、后来《红岩》一书的作者之一罗广斌从当时的牢房中取了出来，成为那段惨痛历史的有力见证。

或许从加入中国共产党的那一天起，丁地平就已经准备好为党、

坐落于今籍田街道地平村的丁地平烈士塑像

为国家、为人民英勇献身，他始终无怨无悔，怀着满腔热血，义无反顾地走了一条追寻真理，为国家、为人民找寻火种、点燃火把、照亮前进方向的革命道路。

面对死亡，伟大的革命者没有惊慌，没有退缩，他们从容不迫、大义凛然、铮铮铁骨，彰显了共产党人矢志不渝的革命信念和大无畏的革命精神。

今天，全中国的农民早已拥有了土地，过上了幸福的生活，丁地平的家乡也早已获得新生。丁地平的事迹在双流大地广为传颂，他英勇斗争、不怕牺牲的革命精神已成为双流精神的一部分，滋养和鼓舞着一代代双流儿女奋勇向前！

徐茂森、徐海东叔侄:
十二桥烈士中的双流人

在成都市通惠门路西端的西郊河上,有一座平桥,名叫十二桥。1916年,这里还是老成都人出城到青羊宫赶花会的出城桥。1949年,这里却成了30余名革命先烈英勇就义的殉难地。如今,随着城市化进程的加快,这座桥渐渐淡出了人们的视线,但那段历史从未被遗忘,十二桥烈士的英勇事迹也始终激励着一代又一代的后来人奋勇前行。双流人徐茂森、徐海东叔侄便是在成都十二桥英勇献身的两位烈士。

◇ 茶馆里的秘密联络站

徐茂森于1916年出生于双流县擦耳乡(今双流区彭镇),只读了几年书家里就无力让他继续求学了,于是徐茂森就去远房亲戚家当杂工,同时学习做食盐生意。回到家乡后,徐茂森借钱开了一家盐店,却屡屡遭到当地地痞的勒索,地方权势人物也常在这里赊账，最终导致盐店破产。抗战后期，徐茂森在亲友的资助下，开了一间茶馆，并与人合伙兼营大米的生意。

虽然生活过得艰难，但徐茂森一直忠厚处世，还经常扶危济贫，因此在擦耳岩很受百姓的爱戴，还被当地举为"袍哥大爷"。当时，中共大邑地下党组织负责人之一的肖汝霖为了在大邑地区开展党的工作，方便与上级党组织联系，决定在成都和大邑之间开辟一条交通线，而擦耳岩的地理位置是最适合设置联络点的。经过观察，豪侠尚义的徐茂森进入了肖汝霖的视野。

肖汝霖以袍哥身份作为掩护，经常来往于成都与大邑县之间，路过擦耳岩时常常在徐茂森的茶铺里喝茶，一来二去，便与同为袍哥的徐茂森熟悉起来，有了来往，并进一步发展成了至交好友。通过交往，肖汝霖发现徐茂森急公好义，乐于帮助穷苦大众，对当局多有不满，思想进步。于是便同徐茂森商量，想通过他帮助大邑地下党转送物资、人员等。而徐茂森也在和肖汝霖的接触过程中，看到了平常袍哥身上少有的文雅气，并被他为了贫苦大众、坚持斗争的精神所感动，同意协助他运输粮食和武器弹药。在此期间，不少地下党员以肖汝霖"袍哥大爷萧老二"的"兄弟伙"的名义，经徐茂森的茶铺往来成都和大邑。无论是人员来往还是武器转运，徐茂森都派人护送，确保安全。此后，徐茂森的茶馆固定成为地下党同志往来住宿地和武器弹药的转运站。

1948 年 7 月，当肖汝霖找到徐茂森，提出在其家中设立联络站的时候，徐茂森拍着胸脯承诺："有祸同当，死不掉底！"他还叮嘱妻子不要将事情透露出去。1948 年 9 月下旬，肖汝霖在大邑县龙坎门被土匪杀害，大邑地下党的另一名负责人周鼎文又常来徐茂森家，同样受到了诚挚而热情的款待。在此期间，周鼎文先后派骆恕远、高绮琴和化名彭先云的石祖传负责联络站的筹备工作。彭先

擦耳岩联络站旧址

云来到擦耳岩后，被徐茂森以"家庭教师"的名义安排在徐家，后来徐茂森又通过自己的关系，将彭先云安排到当地一所小学做老师，以便于彭先云长期隐蔽下来开展工作。

1949年2月，擦耳岩联络站在徐茂森家的茶馆里正式成立，联络站迅速担负起邛崃、大邑、新津、温江、双流、灌县、成都之间传递情报、运送武器、转移人员等工作，成为川西地区重要的地下联络站和物资转运站。有了徐茂森的掩护，联络站在当地的工作开展得非常顺利。

◇ 追求进步的"危险人物"

擦耳岩联络站建立之初没有一个党员，但是随着斗争的深入，涌现了一批积极分子，经过实际的锻炼和考察，部分同志先后加入了共产党。徐茂森的侄子徐海东就是其中之一。

徐海东于1920年出生于双流县红石乡徐瓦窑（今双流区彭镇），在小学当过老师，在钱庄当过会计，还参加了乙类公职人员考试，合格后被推举为保长。但是，徐海东年轻气盛，多次在公共场所表达对时政的不满，时常公开揭露国民党的罪行，因此被视为"危险人物"，多次遭到解雇，饱受失业之苦。生活没有着落的他在金马河里淘过沙金，后来偷砍徐氏家祠的柏树，被族长痛斥"忤逆不孝"。他被族长送到县府关押，直到叔叔徐茂森以族中长辈的身份保他出来，让他留在茶馆帮忙，才算让他有了一份稳定的工作。让徐海东没有想到的是，在叔叔家的茶馆里，他遇见了许多志同道合的进步青年。

在这些进步青年的影响下，徐海东阅读了大量的革命进步书籍。1948年，徐海东秘密加入了"政治建设研究会"的新双边分会，该研究会由新津地下党组织领导，也是在这个时候，徐海东积极向党组织靠拢，接受了共产党的宣传和教育。彭先云来到双流主持擦耳乡联络站的工作时，与徐海东结识，二人对革命有着相同的追求，很快便成了知心朋友，经常一起探讨革命理论。1949年，经过彭先云的介绍，通过党组织考验的徐海东在成都祠堂街宣誓，正式加入了中国共产党。

为了让革命队伍发展壮大，徐海东与彭先云一起，团结和组织擦耳、柑梓、红石等地的进步青年，成立了"新民主主义同志会"。同时，徐海东还与叔叔徐茂森一起，通过农村的渠道团结和发动农民，成立了"农民翻身会"。在成都的学生运动遭到破坏后，很多进步学生的身份被曝光，共产党人帮助他们到双流躲避，"农民翻身会"的成员将学生们接到自己家，以亲戚的名义掩护起来，为共产党的事业做出了不可磨灭的贡献。

◇ 牺牲在黎明前的徐氏叔侄

为了传递共产党的消息、鼓舞士气，地下党员张泽石、秦慕良等人在徐海东的家里，创办了地下刊物《火炬报》，并设定了收音站，将收音机组装好后，藏在地洞里，收音天线则装在竹竿内，藏在竹林中。收音站经常收听新华社电讯，一字不遗地记录下来刊在《火炬报》上。张泽石和秦慕良负责收听、整理、编排，徐海东负责刻写蜡版和印刷，徐海东的妻子、弟弟负责装订，母亲负责望风放哨，制作好后徐茂森夫妇、徐海东夫妇等人分头把《火炬报》运送到成都、雅安等地，然后由地下交通员分发到川西各县农村、工厂、机关、学校等处，鼓舞斗志，扩大党的影响。

1949 年农历八月十五前夕，徐茂森、徐海东的进步举动引起了乡长刘遐龄的怀疑，也进入了国民党四川省保安司令部第五团的视线。9 月初，四川省保安司令部第五团抓住了两个给徐茂森送信的人，并从其中一人身上搜出了彭先云和徐海东要交给成都党组织的信。10 月，联络站派出去的交通员被捕，身上的密信被搜出，虽然交通员并未吐露实情，但密信中的内容给敌人提供了线索，敌人据此罗列了黑名单，保五团立刻根据黑名单和搜出的其他线索进行逮捕。在敌人的策划下，保安团集结了数百人赶赴擦耳乡，抓捕了大批共产党人和进步群众，徐茂森和徐海东叔侄也不幸被捕，被关押在成都南门外的衣冠庙监狱内。

徐海东烈士家《火炬报》收音站旧址

在监狱中，叔侄二人受尽了酷刑折磨，但面对敌人的严刑拷问，他们始终没有屈服，没有泄露任何信息。徐茂森受刑后腿脚都被压坏，全身上下无一处完好，但他仍勉励侄子徐海东"不当软骨头，死也不出卖朋友"。徐海东在敌人拷打面前也没有屈服，还掷地有声地对敌人说："我是想搞武装，迎接解放军，迎接共产党！"徐茂森说："徐海东所搞的一切，我都参加了。"谈到具体组织，二人只称自己是"民革成员"。不久，二人就作为要犯，被转移到了将军衙门省特委会看守所。1949 年 12 月 7 日深夜，敌人将徐氏叔侄和其他共产党人一起押上刑车，秘密带往十二桥西南的一处防空壕内，将他们残忍杀害并草草掩埋，徐茂森时年 33 岁，徐海东时年 29 岁。

在革命的胜利之光照亮成都之前，徐茂森和徐海东叔侄为革命事业殊死斗争，倒在了敌人的屠刀之下，牺牲在了黎明前的黑暗中。十二桥惨案发生 20 天后，12 月 27 日，成都解放，徐茂森和徐海东叔侄却无法亲眼见证这黎明的到来。他们为了新中国的解放，为了人民的幸福，面对子弹和屠刀，大义凛然、慷慨赴死，用生命和鲜血谱写了革命志士壮丽的人生赞歌。

双流人民从未忘记徐茂森和徐海东叔侄，52 年后的 2001 年，原金桥镇（今彭镇）人民在擦耳岩徐氏故居旁立起了"十二桥烈士徐茂森、徐海东叔侄故里"纪念碑，供世人铭记和缅怀。

2023 年 4 月 4 日上午，波光潋滟的金马河畔，明媚的阳光透过绿荫洒下来，在林中落下参差斑驳的阴影。"二徐"纪念碑前，古木参天，艳阳普照，成都市双流区关工委、双流区彭镇关工委携彭镇金桥小学师生在碑前隆重举行清明节活动，祭奠为革命奉献一生的徐茂森、徐海东叔侄。鲜红的中国共产党党旗和中国少年先锋队队旗迎风招展，少先队员齐唱《中国少年先锋队队歌》："我们是共产主义接班人，继承革命先辈的光荣传统……"鲜艳的红领巾飘扬在胸前，少先队员庄严地向革命先烈宣誓："继承先烈遗志，传承红色基因，赓续红色血脉，做优秀的共产主义接班人。"庄严的纪念碑在这片郁郁葱葱的黄葛树下静静地矗立着，铿锵有力的誓言在纪念碑前久久回荡，英烈精神便在这一代又一代的传承中永绽光芒。

立德行善勤为先，富民安邦心所系。从古至今，在双流这片热土上，涌现出许许多多心系黎民苍生的典型人物，他们关注国计民生、情牵百姓，始终以满腔热血为民众排忧解难，实现济世治众的理想。

　　有人行善施仁，用大爱温暖一方百姓；有人扶危济困，用真情化解民众忧戚；有人情系万家，用善意践行富民安民理想。他们为民纾困，誓要造福一方，共谋民生之利，将关爱蓄满人间。双流因为他们的努力变得美好，双流儿女从他们的故事中汲取力量，携手向前，续写双流未来的辉煌。

贰

情系百姓，为民纾困

王琪：
儒林硕望关注国计民生

北宋年间，舒州（今安徽省潜山市）发生饥荒，流民食不果腹。无论大人小孩，全都是皮包骨的模样，眼神黯淡无光，很多老人因饥饿去世，小孩子们的个头儿都停留在了饥荒前的高度，别说长身体，能活下来就算好运气了。看着倒在路边的饥民，来自华阳（今成都市双流区）的舒州知州王琪心急如焚，他之前呈给上级的奏章并没有被层层递交，而是积压在上一级的手里，他在奏章里建议的拿出国家储备粮来赈济灾民的事也就不了了之了。

王琪再也坐不住了，他赶到官府，命令手下官员将州县上收取的田赋拿出来，分发给灾民应急。但是，官员们听了王琪的话，都默不作声，面面相觑，随便挪用田赋可是大罪，谁也不想掉脑袋。王琪见状，对他们说："你们只管取田赋赈灾，上面怪罪下来，责任在我。要杀要剐，我去承担，绝不会连累你们的！"

听了王琪的话，官员们这才敢拿出田赋，发给灾民。有了这一应急措施，民间的情况好转不少，因饥荒死亡的人数有所减少，青壮年们也开始准备再次耕种了。能够拯救百姓的生命，王琪觉得一切都是值得的，就算朝廷要将自己治罪砍头也无所谓，用自己的生命换取舒州百姓的生命，怎么看都是笔划算的买卖。

◇ 执政清廉，爱民如子

王琪大约于宋太宗太平兴国九年（984 年）出生在华阳，是宋代光禄卿王罕的儿子，也是北宋宰相王珪的从兄。王琪从小就聪慧好学，儿童时期就获得了诗名，后来进士及第，担任江都主簿。

天圣三年（1025 年），王琪向宋仁宗呈上时务十事：建义仓，置营田，减度僧，罢鬻爵，禁锦绮，禁珠贝，行乡饮，籍田，复制科，兴学校。王琪的建言，句句事关国计民生，受到宋仁宗的嘉许。宋仁宗把他调入京城担任馆阁校勘，又授予大理寺评事、馆阁校勘、集贤校理等职，知制诰。

王琪一生无论在何地何部门任官，始终为官清廉，不曾借官职为自己谋利。在姑苏担任郡守时，居然还要借钱修建官衙。

王琪爱民如子，在舒州任官时，不忍心看到百姓受苦，冒着掉脑袋的风险赈济灾民。好在朝廷最后并没有因此事将王琪治罪，王琪又前往复州任官。

当时在复州的民间，发生了佃客被殴打致死的事情。面对这种情况，基层的官吏在审理案件的时候，不分青红皂白要把所有的被告都按律处死。

就任后，王琪心存疑虑，觉得不能草菅人命，他要下属官员将这些案件留着，一件件核实。果然，在这些案件当中，真的存在冤案，王琪从刀下救出了许多蒙受冤屈的人。此后王琪又辗转多地任官，他始终秉承着清廉正直的为官宗旨，皇帝非常欣赏他，因此常常召见他，赞赏他"雅有心计"。

◇ 儒林硕望

除了是一位爱民如子的清官之外，王琪还是一位儒林硕望，他工于诗词，是著名的豪放派词人，他的诗词中有11首被收录进了《全宋词》。著名词人晏殊就很欣赏王琪，晏殊在守舒州的时候，特意聘请王琪来自己的州衙任通判。每逢良辰美景、佳节盛会，晏殊都会在府中举办酒会，吟诗作赋、欢饮达旦，直至天明。

一次，正值中秋，晏殊设宴招待，准备和着月色作诗词助兴，不料月亮一直被云遮着，宾客们都很失望。晏殊也很不高兴，索性走进卧室拥被入睡。王琪见状，咏了一句："只在浮云最深处，试凭管弦一吹开。"晏殊听了，心中的诗性被激发出来，立马翻身下床，继续与宾客欢饮。夜半时分，月亮终于从云里钻出来了，大家兴致更高，一直作诗到晨光熹微。

根据《能改斋漫录》《苕溪渔隐丛话》等书的记载，晏殊带着王琪一起去杭州，途中经过扬州，在大明寺中歇息。大明寺的墙壁上，有很多文人墨客留下的诗篇，但遗憾的是，完整的诗句不多，大多数都是只有上句而缺少下句。晏殊感叹道："每得句书墙壁间或弥年未尝强对，且如'无可奈何花落去'，至今未能也。"王琪应声答道："用'似曾相识燕归来'当下句，怎么样？"晏殊听完，连连称赞。

王琪因辞章佳丽，被宋神宗称为"儒林之硕望"，著名词人欧阳修也十分推崇他在《望江南》中写下的那句"烟径掠花飞远远，晓窗惊梦语匆匆"。王琪在《咏雨》中写下的"红绡香润入梅天"，更是被王安石称为"千古绝妙"。

◇ 与时不合的谪仙

王琪多次在东南各名镇任官，但他性格孤僻，加上为人清廉，看不惯官场的腐败，始终觉得自己与时不合。当时的官场上，很多地方官员都竭尽所能地讨好上司，时常准备美酒佳酿，"待宾客颇阔略"。这种沽名钓誉的手段让王琪十分厌恶，他出淤泥而不染，也因此遭到这些官员"造飞语起谤"。所以，王琪把自己称作"谪仙"，他的词集也因此被命名为《谪仙长短句》。

在知江宁（今江苏省南京市）时，江宁城中时常发生火灾，当

（北宋）郭熙《行旅图页》

贰 情系百姓，为民纾困

地的居民都认为是鬼神在作祟，所以不敢轻易救火。王琪却不这样认为，他觉察出其中必有奸人作乱，就将巡逻人员召集在一起，每日巡逻，"具为作赏捕之法"。不久之后，真的发现了纵火的人，遂将其抓捕归案，一连串的火灾也就平息了。王琪后来又在杭州、扬州、润州等地任官，最终以礼部侍郎致仕。

宋仁宗至和三年（1056 年），72 岁的王琪去世，葬于真州（今江苏仪征）。宋仁宗特意下诏，要真州和扬州的地方官派人对王琪的墓加以保护，这在历史上都是很罕见的。

从双流走出的儒林硕望，一生时时刻刻关注着国计民生，王琪为官多年，始终情系百姓、为民纾困，为后人留下了值得效法的榜样。同时，王琪的佳丽辞章也为群星闪耀的双流增添了一抹浪漫的色彩，让双流子孙得以在"春风深巷里""青杏黄梅朱阁上"，在"江南柳"下、"江南雨"中，还原王琪的人生，继承他的遗志。

大朗和尚：
悉心民情，化缘修筑河堰

　　成都西南隅双流境内，金马河、杨柳河之间的狭长地带，有一条翠竹夹岸、清流漱石、蜿蜒流淌的小河，名叫大朗河。提起大朗河，温江、双流、新津三地人民无不怀念 300 多年前全靠苦行募化集资凿河筑堰给三地带来恩惠的僧人——大朗和尚。

　　"治蜀先治水"，是巴蜀地区的悠久传统。以都江堰为例，历代曾主持创建、修复、重建、扩建的人士，自李冰而下，见之于文献记载、堪称为民造福一方的治水功臣，就有五六十位，他们大多为官员。因为，凡稍大的水利工程，都得调用大量人力、物力，而且要有相当的技术力量，这就非手握一定的权力不可为。但大朗和尚却是一个例外，清代初年，这位遁入空门、皈依佛祖、诵经修行的袈裟师父，无权无钱亦无人，竟然创造了一大治水奇迹。

◇ 落难的举人和尚

大朗和尚俗名杨今玺，于明朝万历四十三年（1615 年）出生于四川重庆府的一个书香世家。杨今玺的父亲早逝，他和母亲相依为命，在母亲严格的家教中长大，敏而好学，知书达理，贫寒的生活也让杨今玺从小就深知民间疾苦，同情百姓的遭遇。

杨今玺中过举人，本以为生活要好起来了，没想到的是，崇祯末年天灾人祸轮番上演，战争不断，食物匮乏，瘟疫肆虐，人口锐减，农业凋敝，杨今玺家破人亡、妻离子散，他只好一个人去逃难，远走他乡。杨今玺几经辗转，来到了川北保宁府（今四川阆中市），登上天峰山，去投靠他的好友书云禅师。书云禅师早年间在天峰山剃度出家，听完杨今玺的悲惨遭遇，不禁唏嘘感叹，就将他收留在庙里，让他在这里出家为僧。

在天峰山修行的日子里，杨今玺听说了破山和尚的故事。在张献忠面前，破山和尚为了保全州中百姓的性命，忍辱破戒，吃了狗肉。杨今玺对破山和尚深深敬佩，于是他告别书云禅师，离开天峰山，不远千里回到川东，终于在梁山县（今重庆市梁平区）的双桂堂见到了破山大师。杨今玺被破山大师收为弟子，成为他禅帐中的第 87 名弟子，取法名大朗。

顺治十七年（1660 年），四川稍有复苏，清军荡平川西后，派袁景先到双流当第一任知县。当袁景先来到双流县时发现，这里已经在战火的摧残下只剩下断壁残垣，不得已，袁知县只能在彭家场以西七里的三圣寺里设署办公。袁景先对大朗和尚其人有所耳闻，便派人将当时身在大邑兴化寺的大朗和尚请回来，从此，大朗就在三圣寺驻锡。

（明）戴进《罗汉图》

◇ 深悉民情，决心筑堰

"川西夫子"刘沅曾在《大朗堰记》中这样评价大朗和尚："盖其迹于风尘之表，而未尝忘济世安民。"大朗和尚虽然隐身空门，却未完全超然物外，内心仍关注世间风雷、民间疾苦。他平时居于三圣寺，常常往来于双流、新津、温江的村野之间，遍观形势，熟悉民情。他看到双流县城以西，杨柳河与金马河之间有一片跨双流、新津、温江三县的水利空隙地带，共有高田数万顷，因田高水低，没有渠堰灌溉，生产效率低下。他亲见经受多年战乱外逃、此时刚回家园不久的农民又遭"苦旱"，导致作物颗粒无收而挨饿挣扎的惨状，内心十分同情他们，立誓要设法助这一方百姓摆脱困境进入福地。

大朗和尚和袁知县朝夕相处，无所不谈，两人时常商谈如何济世、如何拯救百姓。一天，大朗和尚突然问袁知县："县台治理双流县已近一年，你觉得治理双流的长久大计是什么？"袁知县突然被问，一头雾水，一时间不知该如何作答。大朗见状，从袖子里拿出了自己写好的偈语送上：

> 治国安民事，空空执两端。
>
> 不作违心举，毋求冤债钱。
>
> 眼前皆赤子，头上是青天。
>
> 他日思旧好，何愧复何惭？

偈语反映出大朗才思敏捷、体谅民情，袁知县读完，知道大朗和尚是要自己多为民做事，对他更加器重。大朗认为，当务之急是将荒废的田地再次利用起来，解决百姓的吃饭问题，而干旱的农田需要灌溉，所以重中之重是疏通沟渠、开河筑堰，恢复农业生产。

这一年，双流县因为人口少，就与新津县合并，知县仍然是袁景先。通过袁知县，大朗和尚结识了四川最高军事长官陈相亭、成都知县袁卜昌等人，希望他们能为修堰筹集资金。但是，这些官员虽然赞同大朗的想法，但都表示没有钱，爱莫能助。面对这种情况，大朗和尚并没有气馁，他决定托钵化缘，争取百姓的支持。

◇ 托钵化缘，行乞劝募

在化缘的过程中，大朗和尚一边向百姓说明开河筑堰的好处，一边勘察地理水文，绘制地图，为日后开工积累资料。每到一处，大朗都会托钵登门，宣扬开渠，请求施舍，并拿出化缘簿请施主签名。但大家给他钱，他不要；给他粮食，他也不要。乡亲们感到奇怪，就问他："你这和尚，来化缘却什么都不要，你想干什么呢？"大朗和尚答道："我要的只是你们的支持。"

如果有人支持筑堰，就在化缘簿上写下自己的名字，并在名字下方工工整整地写下"乐施"二字，写完，大朗和尚就会欣然离去。如果有人不支持筑堰，大朗和尚就会不吃不喝，在门前坐上几天几夜。在化缘簿上签字其实就代表着愿意为开渠善举提供施舍、赞助，其方式可以是有力出力、有钱出钱、有地出地，均可开工时再定。最终，百姓们都理解了大朗和尚的苦心，在他的努力下，居民们都在化缘簿上签了字。

　　大朗和尚的托钵化缘，进行了几年，足迹遍及三县，方圆达数百里，"不避风雨乞募"。大朗和尚为民修堰造福一方的苦行僧形象，"晓之以理、动之以情"的化缘方法，感动了各地乡民，再加上当时整个都江堰灌区因战乱水利工程年久失修、濒于废弃，成都一带回归农民受干旱煎熬，普遍渴望兴修水利，在大朗化缘之处，涌现了一批积极赞助者、热情宣传者、捐资带头者。

◇ 说服官府，开河筑堰

　　经过几年的艰苦筹备，大朗和尚感到动工的条件已经具备，于是在顺治十七年（1660 年）邀请温江、新津两县（此时的双流已被合并到新津县）的县官到三圣寺，向他们报告自己准备开筑大堰的计划，请求支持。

　　县官们一开始的反应是："师父的愿望虽好，但是太大了，我们难以帮你除旧布新开创这番大业。"大朗和尚则笑嘻嘻地说："各位不必费心，我已遍告百姓，他们都愿干，只是须请二位父母官出面作主张！"说着出示"乐施册"，县官们看了那么多民众签名"乐施"，大为钦佩，深受鼓舞，于是各自运用行政号召力、组织力，集合、调配民工，按照大朗和尚的设计方案，开工筑堰挖渠，并负

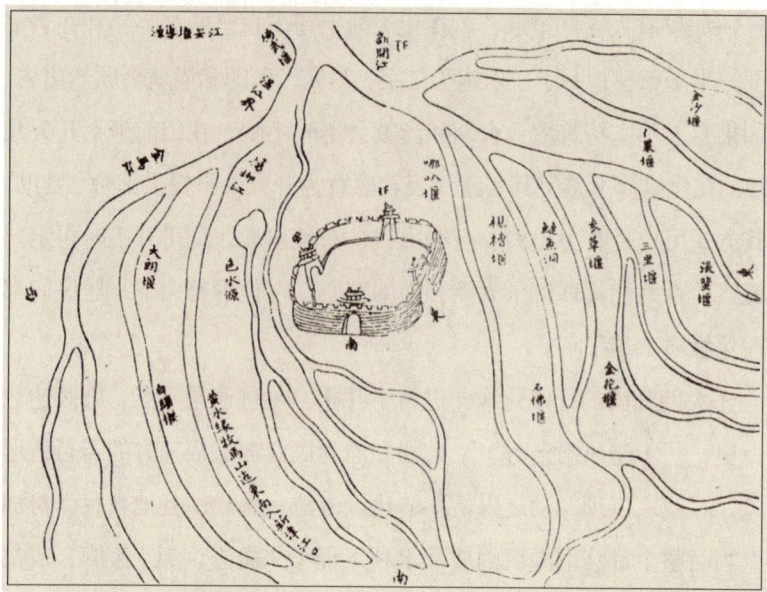

双流县水堰图（图据嘉庆版《双流县志》）

责协助收集捐款、征用土地，监督施工质量。

在集众兴工的日子，周围的百姓都带着工具来了。据记载，当时开工现场气壮山河："集众导川，荷成云！"

我还能为大家做些什么呢？想到这里，大朗和尚在金花桥畔结茅为庐，住在了离施工现场不远的地方。白天，他去工地慰问施工百姓，到了晚上，就借着月光或灯光为大家编织草鞋，每晚编制六双。他在门上贴出偈语：

莫谓前途蜀道艰，踏破千山与万山。

贫僧别无相助力，草鞋无价任君穿。

修河堰的百姓看到此偈，更加敬佩大朗，此举还鼓舞了士气，让工程得以顺利进行。

第二年春天，河渠疏通了，河堰也筑成了。这条河从温江的刘家濠上游起水，穿过双流，直到新津，还开支渠 20 余条，让温、双、新三地的数十万亩田地都得到了充分的灌溉。为了纪念大朗和尚的功德，人们给这条河取名为大朗河，又称大朗堰、大朗溪、大朗江，它发挥着巨大的效益，造福了万千黎民百姓。

大朗河修成后约 130 年，即乾隆末年，刘沅站在长堤上，眺望着蜿蜒于绿野中的百里大堰，怀念其创建者，发出一声呼喊："江水长存，大朗其或朽乎哉！"双流乃至成都人民至今仍未忘记大朗和尚，成都修建了大朗陵园，用来纪念和缅怀这位心系百姓的僧人。大朗和尚的精神也随着大朗河的流淌传承到今天，让双流的子孙后代记住为人民做好事的大朗和尚，学习他情系苍生、为民纾困的精神，继承和发扬中华民族的优良品质。

黄锷:
循吏筑堰开荒济苍生

　　明末清初，巴蜀大地遭遇战火洗礼，双流县在兵灾中损失严重，农田荒芜、人口锐减。清康熙六年（1667 年），双流县被合并到新津县；清雍正八年（1730 年），复置双流县。清乾隆元年（1736 年），黄锷被任命为双流县知县，此时的他面临着巨大的挑战。

　　踏上双流的土地，眼前的景象让黄锷痛心不已。

　　在烈日的炙烤下，大地裂开了一道道口子，龟裂的土壤中像是再也蒸发不出一丝水汽。黄锷走到田地边，心中更是焦急，干裂的土块儿踩上去嘎吱作响，瞬间变成了粉末。俗话说，"民为邦本，食乃为天"，双流县的农田地势高，大部分地方都缺水，所以造成了眼下的局面。一到缺水的时节，这里的河流就变成了浅浅的河滩，小溪支流全部干涸，除了耐旱的植物外，其他花草树木全部干枯。农田里也是一片枯黄的色彩，偶尔的几场雨根本解决不了灌溉的问题，百姓们收成无望，人们的生活很不好过。"谋生之道，务农为先"，只有解决了灌溉问题，才能恢复农业生产，解决大家的吃饭问题，把人留住，才能谋求进一步的发展。

想到这里，黄锷决定带领当地的百姓一起开建水塘，同时兴修水利。在解决了灌溉的问题后，再和大家一起开垦田地，增加收入，让当地百姓过上不为吃饭发愁的生活。

◇ 蓄水灌溉，开垦农田

在清朝初期的几十年里，虽然双流县的农业恢复了不少，但仍然有许多荒地没有得到开发。为了恢复经济，清政府实行了外省移民填四川的政策，取得了一定的成效，蜀地人口增加了不少。不过，双流县城依然破败，虽然社会上的基本行业得到了恢复，但百业凋敝，不是短时间内可以复原的。

黄锷到任后，第一件事就是解决农业灌溉问题，兴建蓄水排灌工程。经过实地考察，黄锷决定在双流县的牧马山开建水塘。他带领周围的百姓在农田边挖水塘、在山边挖沟渠，用来储存雨水，以便在晴朗的天气灌溉，地势高的地方也不用担心河流到达不了了。

解决了蓄水灌溉问题，就可以扩大耕种面积了。接下来，黄锷又带领大家开垦农田，先后共计开垦两万余亩。在金马河流域，黄锷建议在每年冬季和春季的枯水期，"淘深河中间浅处，导使中流"，在两岸河水冲过的地方设置支篓，用来撇开水势。"每年修淘，渐次淤起"，就可以用来耕种了。

除了开建储蓄雨水的水塘和沟渠，黄锷还在双流县积极倡导修建水堰，引入岷江水。江水中含有众多营养成分，很适合灌溉稻田，用水堰中的江水浇稻田，虽然土地没有经过粪肥的治理，但仍然可以收获满满。在河边的高地，水引不上去，就修建筒车灌溉，和水堰有同样的效果。

◇ 种树取薪，栽种红苕

有了粮食，还要解决燃料问题，山上树木不能被无尽地砍伐，黄锷就开始带着大家种树。桤木、麻柳、青枫被种植在山野之间，不论是取薪生火，还是取材建屋，只要每年种植新的树苗，这些就能成为双流县人民取之不尽、用之不竭的财富。

虽说水塘、沟渠和水堰解决了大部分的灌溉问题，但毕竟不能覆盖所有土地，在这种情况下，引进抗旱的作物很重要。黄锷亲手教给百姓种植旱谷的方法，在所有品种之中，他特别提倡栽种红苕（红薯）。红苕不挑生长环境，不管是贫瘠的土地还是沙地，都可以种植红苕，只要施粪肥就能长得很好。贫苦人家稻谷少，种些红苕当粮食，可以有效解决口粮问题。因此，红苕的种植就在双流县普及开来。

（清）王时敏《云峰树色图》

◇ 修志育民，办学育人

双流县的早期文献早已在战乱中遗失损毁，黄锷解决了发展农业这个当务之急后，于清乾隆八年（1743年）开始主持编修《双流县志》。黄锷查阅了《四川通志》中有关双流县的记录，又从《新津县志》里找到了双流县并入新津县时的记录，加上自己的考察调研，完成了《双流县志》的编修。县志体例完备，有七卷三十九节，还设有县志图考，是现存双流县志书的最早版本。

双流县官办学校的始祖是景贤书院，黄锷于在任第六年创办了它，位于学宫的旁边，匾额上的"景贤书院"由黄锷亲手书写。书院聘请了当地的名流任教，为当地子弟提供最好的教育。书院匾额上有一句跋语："伊川先生云：学者先要会疑。横渠先生云：义理有疑，则濯去旧见，以来新意。"书院的讲堂也因此被命名为"来新堂"。黄锷还在景贤书院的礼堂大门两边题写了楹联："敢拟文翁兴文教，为将弦诵代弦歌。"足以体现这位父母官兴办教育的决心。

除了办学之外，黄锷的育人还体现在移风易俗上。双流县是人来人往的交通枢纽，不仅与川内各地相通，还是通往西藏的要道。在这种情况下，各地的习俗风尚都被带到了这里，其中也包含许多流弊。为了改善县里的民俗，黄锷写下了12篇《劝诫条约》，从孝悌友爱、依礼婚嫁、遵守律例、饮酒有度、和睦用水、和平互助、禁止赌博斗殴等方面劝诫百姓。

在双流的历史上，黄锷是历代知县中任职最久的一位，共在职12年。在这段时间里，他带领百姓修筑水堰、开垦农田、种树取薪、改进作物，还修茸城墙、铺路修桥，改善百姓的出行状况。黄锷修志存史，兴建学校，移风易俗，直接影响到双流文化的传承与社风的形成，其成绩值得双流儿女铭记。作为一位百姓拥戴的知县，黄锷被赞誉"啧啧口碑如新"，后辈不断在他的故事中挖掘文化记忆，使其成为当今社会双流精神的文化源泉。

张骥：
义而忘利的医学家

20 世纪二三十年代，位于成都打金街的古佛庵中，有一所古济院，这是双流人张骥开设的慈善机构，专门医治没钱看病的穷苦人民，张骥不仅为大家免费提供药物，还为家境窘迫的人提供粮食。张骥觉得，"医"的要义，是"道"，而不是"术"，医德要在医术之上。张骥的行事风格完美地诠释了他自己的理论，他医德高尚，兴办慈善事业，救济底层人民。

而面对前来求诊的官吏，只要是平日里欺压百姓、作威作福的，张骥一律推辞，不愿给他们看病。尤其是军阀，只要上门，张骥必定痛斥，历数军阀给国家和人民带来的苦难，他义而忘利，只求能够济世治众。

◇ 妻子的去世让张骥弃政从医

张骥祖籍湖北省麻城孝感乡，明末清初"湖广填四川"时，先辈迁来四川双流县。1874 年，张骥出生于双流县双华乡芦稿槽（今双流区东升街道芦蒿社区），后来由于父亲经商，全家迁到成都市上北打金街居住。张骥从小博览群书，师从戴吉双和刘豫波，钻研诗词、古文、中医学等多门学科，敏而好学，刻苦勤奋。

后来，张骥考入了成都官办法政学堂（校址位于今成都市红布街），他孜孜不倦地吸收知识，成绩优异，受到了校长邵从恩的器重。毕业后，张骥留校任教，后来成为成都地方法院的创办人之一。张骥又赴京参加朝考，被分配到陕西省，先后在凤翔、米脂、榆林、肤施等县担任知县，除此之外，他还是豫陕甘巡阅使刘正华的秘书长。

1919 年春天，张骥在肤施县担任知县，他的妻子饶静云寄住在西安城四川同乡会的会馆里，生产第三子。不幸的是，饶静云产后 20 天患上了产褥热，很快就病故了。噩耗传来，张骥悲痛万分，他怪自己无能，让夫妻天各一方，无法相互照应。1924 年，张骥回到成都，弃政从医。

◇ 瘟疫流行时义而忘利

张骥本人向来对医学有着浓厚的兴趣，还在攻读举子业时，他就花了大量心思研究医书，涉猎过大量的中医典籍。张骥最佩服两位蜀地的医学家，一位是编著《六译馆医学丛书》的经学家廖季平，一位是著有《姜氏医学丛书》的西蜀名儒姜伊人，这两位对张骥来说都是儒而医的前辈。不过，张骥认为，廖季平精于考订，姜伊人勤于校勘，二者的理论都对实际治疗没有多大的作用。

经过思考，张骥决定致力于中医学的研究，一边为百姓治病，一边发展中国传统医药理论。于是，张骥在成都东大街开设了一家名为"义生堂"的药号，在堂中坐店应诊。不久，成都一带暴发瘟疫，"麻脚瘟""大头瘟""虾蟆瘟"等急性传染病快速传播，让百姓们苦不堪言。张骥将"义生堂"的大门日夜开启，随时应诊，他还自制了许多"避瘟散"和"急救丹"，免费送给当地的百姓，努力帮助成都城乡百姓度过瘟疫。

随后，张骥又和朋友们一起在成都支矶石街创办了汲古医塾，亲自教授弟子。张骥一边悬壶济世，一边研究医学著述，并将自己的研究发现记录下来，张骥的这些医学著作，最终都以"义生堂"和"汲古堂"的名义镌刻出版，在世上广为流行。人们将这些书籍整理成《汲古堂医学丛书》，作为医学生的教材使用，同时供医者查阅。

◇ 擅长医治疑难杂症

张骥研究古典医著长达 20 多年，他对医典进行了大量的注释和校补，对诠释古代医书有着较大的贡献。除了从事理论研究之外，张骥还联系平时治病时遇到的案例，整理和编著适合当代人阅读的通俗医书，供医者诊断时查看。张骥本人师法张仲景和李东垣，诊断时常常慎思明辨，因此十分擅长医治疑难杂症。

一次，四川省立中学校长钱智儒的幼子患上惊痫病，昏倒在地，口吐白沫，医生们全都束手无策，只好请来张骥诊治。张骥看完，开了一副"柴胡龙骨牡蛎汤"，孩子服用了一段时间就好了。还有一次，中医顾锡卿发病，喉咙中有痰壅塞，六脉沉伏，四肢厥冷。张骥诊断为"痰厥"，开了一副"三生饮"，用姜汁煎服，顾锡卿吃了三剂后，便痊愈了。

◇ 收集校补古典医著

在治病救人的同时，张骥一直没有中断对古典医著的收集、注释和校补。他一生喜好读书，知识渊博，平日喜欢逛旧书店，多方搜集各种不同版本的医书，自己进行勘校，然后雇人刻印出来。在张骥的藏书中，不乏各种医书的善本、珍本、手抄本等，张骥为这些书分类，统称为"张氏医学类书"。

在 1925 年印刷的《医古文评选》中，张骥收集了 23 篇苏轼的医学文章，并加以评点。南朝刘宋时雷敩编著的《雷公炮炙论》是我国第一部中药炮制学专著，但原书已佚，内容散见于《证类本草》《雷公炮炙药性赋解》《本草纲目》等书中，张骥于 1932 年根据零散的内容重新补辑，又加入了其他书中关于炮炙的经验，收录在《汲古堂医学丛书》中，是学者公认的、真正意义上最早的《雷公炮炙论》辑本。

《素问》《灵枢》《难经》《仓公》《仲景》等书中的脉法被辑录在《三世脉法》中；《医学三字经》《春温三字诀》《痢症三字诀》被合刻在《三字经合编》中。时至今日，在中国科学院图书馆和四川省图书馆特藏部，都藏有张骥散出的医书。

张骥一生硕果累累，他不仅医术高超，还具有高尚的医德。他开办的慈善机构古济院，为穷苦人民免费看病，送药送米；遇到前来治病的昏官和军阀，张骥往往谢绝医治，还会痛斥军阀的作为。张骥表现出的义而忘利的精神，至今仍然激励着双流子孙。行走在双流的土地上，仿佛还能看见张骥神采奕奕地在路边漫步，长须白发，红光满面，精神矍铄；在时空的交错中，后人好像看到张骥正为搜求不同版本的医书朝着旧书店走去，步伐坚定，脚步铿锵。

刘则先：
牺牲在剿匪斗争中的永安第一任乡长

1919年，五四运动在全国范围内风起云涌，学生罢课、工人罢工、商人罢市的浪潮一浪高过一浪。1920年前后，刘伯承、吴玉章等革命先辈在川东、川南广大地区播下革命火种。因此，1908年生于川南沱江之滨自贡富顺的刘则先自小便在革命摇篮里受着革命思想的熏陶。大革命浪潮席卷这个川南的小县城时，刘则先正在富顺中学读书，他接受了反帝爱国思想，并积极投身于反对帝国主义文化侵略和经济侵略的斗争之中。

此后，反对帝国主义、打倒军阀豪绅、为建立新中国而奋斗，贯穿了刘则先短暂的一生。说不清多少次被捕，讲不完的传奇，道不尽的革命业绩，但是对刘则先来说一生未曾改变的唯有那句足以跨越时间、撼动人心

刘则先烈士

的话语："为人民大众而死，死何足惜！"

◇ 坚定地踏上革命人生路

1927 年初，刘则先和同学们高呼着"打倒列强""打倒军阀"的口号，在富顺县掀起了声势浩大的学生运动。但是正当运动开展得如火如荼之际，参与斗争的学生遭到了反动军警的大肆镇压。刘则先被迫离开家乡富顺，前往省会成都，并在储才中学继续读书。

"四一二"反革命政变以后，革命陷入低潮，刘则先却在这样的艰难岁月中更加真切地认识到只有中国共产党才能救中国人民于水火之中，只有中国共产党才能将革命进行到底。于是在储才中学就读期间，刘则先更为踊跃地参加党领导的学生运动，认真学习党的理论知识，并于 1928 年加入了中国共产主义青年团。

1928 年秋天，刘则先考入了四川公立外国语专门学校（今四川大学外语系）学习法语和英语，同时继续在学校参加由学校党团组织领导的进步学生运动，他接触的进步人士更多了，革命的信念也更坚定了。

1930 年，经学校的自贡老乡李邦兴的介绍，刘则先加入了中国共产党，从此他坚定地踏上了更为艰难曲折的革命人生路。在随后的 6 年时间里，刘则先先后被派到江西革命根据地、上海法租界、南京、天津、北平、川陕边区等地开展党的工作。1936 年，刘则先被党组织派到延安学习，进入抗日军政大学，成为第四期学员。

1938 年 8 月，刘则先从抗日军政大学毕业后被分配到家乡四川继续革命工作。在与同学杨华村等人结伴行至汉中时，刘则先一行人被国民党的宪兵抓捕，他们和另外两位抗日军政大学的同学一起被押送到西安，被强行送到西安国民党战时干部训练团的第四团，拘留在一个小院里。身陷囹圄的刘则先并未沉沦，在被羁押的地方，他认识了许多抗日军政大学和陕北公学的毕业生，大多是回川工作或是准备前往延安学习的革命青年。为了争取早日回川，刘则先找到其中的党员，和他们一起成立了党小组开展斗争。同时，他们要求每个党员都要团结群众，使党小组成为坚强的战斗核心。在刘则先的巧妙安排下，党小组与八路军西安办事处取得了联系，由此获取抗战形势等相关信息，并以此鼓励大家坚持斗争，争取早日释放。终于，在朱德总司令的亲自交涉下，被羁押在战时干部训练团的革命青年们于 10 月中旬先后获释。在被关押的两个月里，刘则先充分表现出了一名共产党员的沉着与坚毅，在党小组中发挥了积极作用。

◇ 大力宣传抗日主张

回到四川后，刘则先受到中共川康特委的选派，担任仁华特区书记，他前往华阳县永安乡（今成都市双流区永安镇）傅家坝，在傅氏宗祠小学以教师的身份作为掩护，秘密开展党的工作。

在此期间，他经常深入到籍田铺、煎茶溪、秦皇寺、苏码头、嘉禾庄、黄龙溪等地区，联合当地的党组织一起开办农民夜校、业余剧团，画板报墙报，并开设书店，印发传单，以通俗易懂的艺术形式向广大人民群众传唱抗战歌曲、演出抗战剧目，鼓励群众团结抗日。刘则先常常身着一件旧蓝布长衫亲自到农民夜校上课，显得朴实大方、和蔼可亲，加之他讲起话来通俗易懂，因此深受当地群众爱戴。一到逢场天，业余剧团在街头演出《三江好》《米》《打鬼子去》《放下你的鞭子》等抗日剧目，吸引了许多群众。书店里也摆上了《新华日报》《大声周刊》《大众哲学》等书报。在刘则先的积极工作下，这里的抗日救亡运动在短短的时间内就搞得有声

苏码头进步书店旧址

有色。

事实证明，刘则先的努力取得了很好的成效，苏码头的人家仅有 100 多户，而这里《新华日报》的订阅量竟达到了 30 多份。同时，刘则先还十分注意加强党组织建设，培养积极分子，恢复和发展党员 10 余人，还选送王孟凡、夏逊、夏森、王梓楠、冯德枢等赴延安学习，为党组织输送了又一批干部。

◇ 面对严刑拷问宁死不屈

1939 年 8 月，中共川康特委派刘则先担任汉源县委书记，他住在九襄镇后山曹家祠一户农民家里。刘则先虽然行事低调，但还是引起了西康保安训练所驻九襄保安中队的注意。

这天，像往常一样，刘则先来到曹家祠的菜市场展开秘密工作，却撞上了来这里买菜的保安中队的人。这人是保安中队的一个中队长，他听到刘则先操着外地口音，立即警觉起来。刘则先见此情形，感觉自己有可能身份曝光，赶紧跑回住处，将秘密信件全部烧毁，自己被捕不要紧，不能连累其他同志。

果然，刘则先刚烧完信件，保安中队的人就闯了进来。在菜市场碰到的那个中队长跑回九襄保安中队，向保安处长王靖宇报告了这件事，他们怀疑刘则先的身份，于是派人到刘则先在曹家祠的住处搜查，很快就发现了焚烧信件的灰烬，还有半张有姓无名的纸片。保安中队的人怀疑刘则先是共产党员，便将他押送到保训所，由特务处长亲自审问。

面对敌人的问讯，刘则先佯称自己是从成都来的大学生，住在这里的亲戚家躲避空袭，而他们发现的半张纸片，是自己写下的需要通信的朋友。

特务处长王靖宇哪肯相信！他坚持认为那是刘则先要取得联络的地下党人，对他反复逼讯，一定要让他写下地下党的姓名。在审讯中，刘则先意外获知党组织活动已暴露，为避免更大损失，刘则先毅然在面前的纸上写下了"我是共产党员"几个大字，并对特务处长说："要办我，只能明办，不能黑办。"得知刘则先是共产党员后，保训所更是不肯放过他，当即对他加大了审讯力度，要他说出其他共产党员的下落，但刘则先毫不畏惧，每次都以"不知道"作答，让敌人无可奈何。特务严刑拷问，但刘则先宁死不屈，怎么都不肯透露一星半点。

中共川康特委得知刘则先被捕的消息后，立即对他展开营救，通过特委书记罗世文以及其他上层人士的交涉和努力，保训所终于释放刘则先，并将他驱逐出西康省。当年 12 月，刘则先回蓉，随后在成都开展青年文化运动。

◇　在困境中坚定革命信念

刘则先和妻子傅德玉都是坚定的共产党员，一直在做党的地下工作。1942年，一直和刘则先单线联系的党员始终没有与他接头，夫妻俩失去了与党组织的联系，无法在成都立足，只好回到老家富顺县。由于刘则先是出了名的"赤色分子"，他和妻子回去后不久就被当地的特务盯上了，刘家因此遭到了监视和搜查。刘则先继续留在县城只会遭遇更多的危险，他因此带着妻子和孩子到乡下的妹妹家躲避。

当时的刘则先和傅德玉已经有了第三个孩子，夫妻二人又没有工作，日子过得十分艰难。虽然经过堂兄的介绍，傅德玉得到了县府会计室小职员的工作，但是微薄的收入还是无法让这个家庭脱离贫苦。他们的孩子营养不良，一个个面黄肌瘦，女儿还瘫痪在床，无钱医治。即使身处如此艰难的环境，夫妻二人也丝毫没有动摇坚定的革命信念，刘则先常常以屈原的"亦余心之所善兮，虽九死其犹未悔"来激励自己，并且对妻子说："不能因为失掉党的联系就自暴自弃，共产党员在任何条件下都要为党工作。"

一天，傅德玉偷偷从别人的手中借来几张《新华日报》，刘则先欣喜若狂，连忙展开阅读，一边读一边流下了激动的泪水。从此，刘则先常常通过报刊消息分析形势，了解党的方针政策。

当时刘则先一家始终处在敌人的监视与盯梢下，但是早已习以为常的刘则先处变不惊，依然经常利用在富顺县城永善茶馆、西湖茶馆喝茶的机会，结识进步青年，向他们讲延安和苏联的情况，宣传马克思主义，揭露反动派阴谋，为他们后来走上革命道路打下了初步的思想基础。

1947年，刘则先和傅德玉带着子女回到傅德玉的娘家傅家坝居住，双双进入双泉寺小学担任教师。夫妻二人一边教课，一边利用上课的机会给孩子们灌输革命思想，讲述革命故事，教唱革命歌曲。他们还利用身份的便利，积极向群众宣传，很快就在身边聚集起了一群思想进步的群众，为日后组建地下武装、迎接解放创造了条件。

1949 年 7 月，川康特委决定在仁寿、华阳、彭山一带组建游击队。由于刘则先此前工作扎实、群众基础较好，组建游击队的工作非常顺利。游击队于 8 月 6 日在傅家坝双泉寺正式成立，后配合解放军作战有力牵制了敌军。

◇ 在土匪叛乱中英勇就义

1950 年 1 月，华阳县刚刚迎来解放，刘则先立刻与新生的人民政权取得了联系，并向华阳县委反映了当地的详细状况。县委以当地的游击队为基本力量，组建了华阳县公安大队，又任命刘则先为永安乡乡长。到任后，刘则先立即在永安场镇开展复市、复工、复课等工作，维护永安乡的社会治安，建立基本的社会秩序，永安乡很快就安定了下来。随后，刘则先开始在当地大力开展征粮工作。冒着隆冬的寒风，他辗转奔走于正兴、永安、古佛洞、黄龙溪等地督促检查征粮工作。在他的努力之下，3 天的时间里就征得了 400 余石的粮食，为华阳县之冠。

1950 年 2 月 15 日，农历大年初一，双流县黄甲乡土匪暴动，并攻打公兴乡公所。有迹象表明，川西的土匪有可能会发动大规模的武装暴乱，川西区党委立即通知各县做好防备工作。为了加强华阳县城保卫力量，刘则先被中共华阳县委调回，带领游击队保卫县府驻地。3 天后，刘则先和战友刘章志被派往公兴、永安、黄龙溪一带，探查土匪的活动情况。2 月 20 日，正当二人通知相关人员到永安参

贰 情系百姓，为民纾困

刘则先烈士被捕地

刘则先烈士牺牲地——府河普宁场桥头

加治安会议时，永安附近顺河、古佛洞的土匪突然展开袭击，永安场的群众纷纷四散躲避。

刘章志见此情形，主张返回县城，刘则先却坚定地说："我是乡长，在危急之际不能离开岗位。"刘章志刚走，土匪就打了进来，刘则先立刻派人去县政府报告，自己则守在当地，撤退到一家烟馆躲避。

土匪们在永安乡挨家挨户地搜查，还扬言：不交出刘则先，就把全街的房子烧光！ 2 月 22 日，一个当地的二流子窜进了烟馆，发现刘则先后，将这一消息密报土匪。

暴乱土匪蜂拥而至，刘则先自知已无法躲藏，为保护群众安全，他主动站了出来。穷凶极恶的土匪将刘则先捆绑起来，直向府河边推。但是，久经斗争考验的中国共产党的老战士刘则先，早已置生死于度外。最后，他被带到府河边一个小塔旁，土匪问他还有什么话讲，他坚毅地说："为人民大众而死，死何足惜！"在这最后的时刻，刘则先望着静静的府河缓缓地南流，永安街上冷冷清清一片肃杀，对岸的丛林好像千军万马正在列队，他用清晰的声音开始朗诵："满乡风雨满乡愁，革命何惧当炮灰……"朗诵未毕，枪声响起，一梭冰冷无情的子弹恶狠狠地射进了刘则先的躯体，鲜血染红了桥头，流进了府河。刘则先慷慨悲歌，从容就义，年仅 42 岁。

刘则先牺牲后，他的妻子傅德玉将他安葬在了他曾经生活和从事革命活动多年的永安乡双全寺旁。1986 年 7 月 31 日，中共双流县委、县人民政府在双流烈士陵园为刘则先烈士举行遗骨安放仪式暨追悼大会，刘则先烈士的忠骨被重新安葬在鲜花和绿树掩映下的双流县革命烈士陵园。

刘则先用宝贵的生命捍卫了新生的红色政权，捍卫了人民的利益，他那可歌可泣的高贵品格、革命气节和英雄壮举，谱写出了一曲荡气回肠的革命赞歌。70 余年过去了，今日之中国，山河壮丽，人民豪迈，前程远大。而那些曾经在风雨如晦的日子里，像刘则先一样为了国家和人民的美好明天而抛头颅、洒热血的革命先烈们，将始终如一座座丰碑屹立在我们面前，让我们得以去追寻他们的动人故事，去感受他们的伟大人格，去品味他们的忠贞信仰，从他们身上汲取精神力量，在盛世中华向新的征程奋进之路上阔步向前。

刘东父：
诲人不倦、热心公益的书画名家

1937 年，广袤的河南大地遭遇旱灾，赤地千里，滚烫的风吹拂龟裂的土地，扬起阵阵尘土。田野里的禾苗早已枯死，只剩下焦黄色的根茎随风飘摇，饿殍遍野，路上全是拖家带口逃荒的灾民。河南大旱的消息很快传遍大江南北，引起了全国人民的关注。

消息也传到了四川的双流县，蜀中名家刘东父获悉后，心中非常着急，想要为河南的同胞们做一些事，思来想去，他决定在成都举办一场书法义卖。刘东父在巴蜀地区十分出名，义卖的消息一经传出，就造成了轰动效应。义卖当天，现场挤满了人，从官绅到寻常百姓，人人都想购得刘东父的书法作品，大家争相义购的场景可谓一时盛事。此次义卖所得的法币共有一万余元，在那个年代，这笔钱可谓巨款，刘东父将这笔钱全部捐给了受灾的河南同胞。

刘东父能取得这样的成就，与他的人品是分不开的。家训有云："保养做善，即守身诚身之义。"或许，正是因为刘东父从

刘东父《竹石依兰静气多》

小受家训警醒，受家风熏陶，才造就了他"大善"的形象，以至于书界同人称他"如清流绝响"，他的诗品和书品也受到了书画界的赞誉。刘东父从不计较个人得失，时常帮助后进，待人宽厚慈祥，很多书法家都得益于刘东父的提携，才成就了自己的事业，刘东父的道德影响力更是传播到现在。

◇ 出生于双流的书画名家

清光绪二十八年（1902年），刘东父出生于四川双流县的诗礼世家，他的曾祖父刘沅是槐轩学派的创始人、著名国学大师，被誉为"川西夫子"。生长在书香氛围浓厚的家庭中，刘东父从小就受到传统文化的熏陶，喜欢上了诗文书画。入学后，刘东父师从四叔刘咸炘，刘咸炘是著名学者、书法家、书法理论家，为刘东父做了很好的启蒙。

自 23 岁起，刘东父先后进入四川省主席刘湘幕府和各大报社任职，他出任过《济川公报》总编辑、《川康通讯》社长、《过难三日刊》社长、川康绥靖公署秘书处处长、民事处处长等职务，直到 1947 年退职。在各地任职期间，刘东父白天工作，晚上坚持练字，几十年如一日，不论是严冬还是酷暑都从未间断。刘东父坚持不懈，在书法上精益求精，虽然在青年时就已经声名大盛，但仍然抱着谦

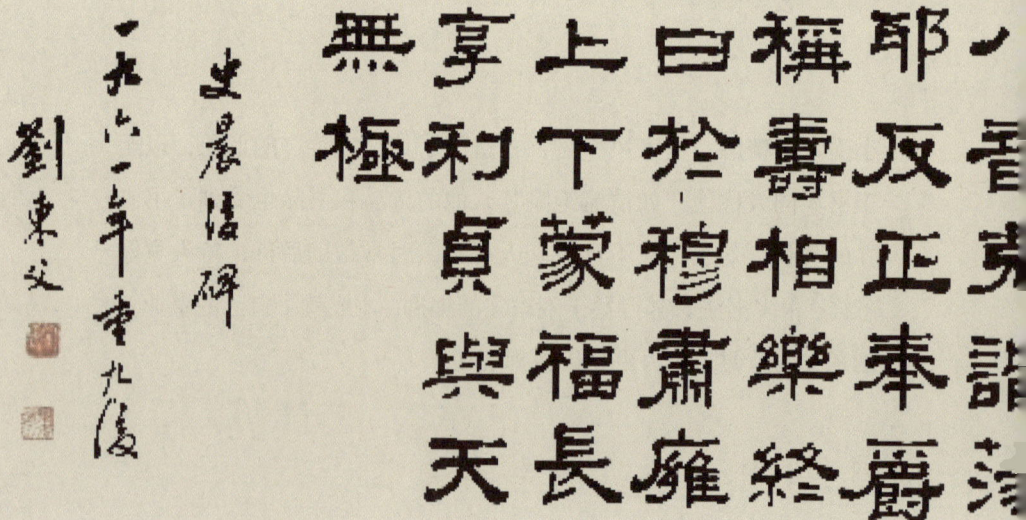

刘东父《史晨后碑》

虚严谨的态度不断求索，一生潜心于书画研究。

　　刘东父把自己的一生都奉献给了书法艺术，而书法对于他来说，也是生命中最重要的部分，刘东父创作出的书法艺术作品，也成为他生命的表现形式。通过一生的经验积累，刘东父也形成了自己独到的观点，他认为，除了要具有不怕失败、敢于攀登的精神之外，书法家还必须打好楷书的基础，在继承前人经验的同时，不断进行突破与创新，要善于取众家之所长，形成属于自己的风格。

◇　诲人不倦的师长

　　刘东父被学书青年们称为"诲人不倦的师长"，对待后学，

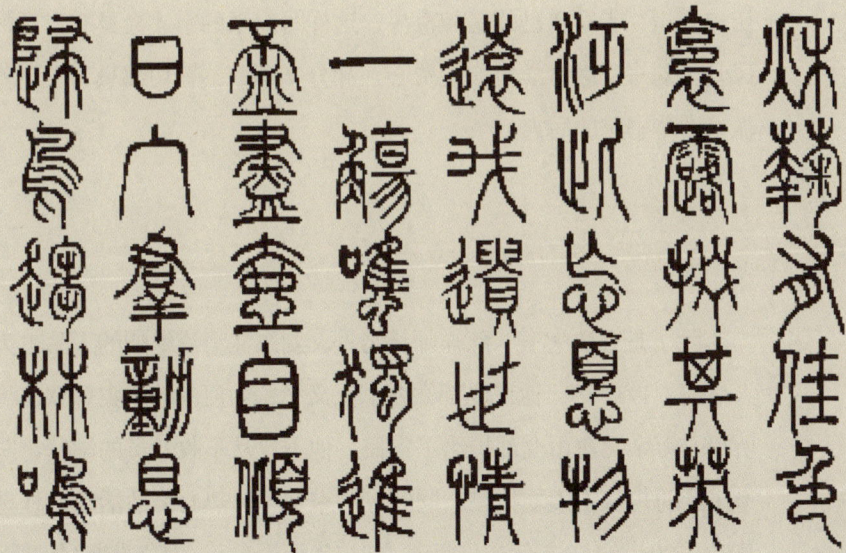

他总是温和宽厚，用平易近人的态度对待所有人。对上门求字的人，刘东父有求必应；对上门求学的人，他耐心教诲。刘东父常常对青年学生说："字要天天写，要多读帖，要写出精神韵味来。"他对于每个学生都寄予厚望，深信他们必将振兴中华书法，且超越前人。

为了教人习书，他为学生们示范临摹了《怀仁集》《圣教序》《九成宫》《泰山刻石》《张迁碑》《西狭颂》《夏承碑》《郑文公碑》等帖子，先后共临摹了几十遍。期间，他还示范了数百张真、草、篆、隶字体，只为了让学生们把每个字写好。面对学书者的提问，刘东父总是耐心解答，百问不厌，并且根据每个人的书写特点给出针对性的建议。

刘东父虽然是书法大家，却从来不让学生们临摹自己的字，而是根据每个人的性格特点向他们推荐适合的字体。除了苦练基本功之外，刘东父还主张学生提升自己的品德修养，并且努力学习文化历史知识，丰富自己的精神世界，这样写出来的字才会具有自己的风骨。刘东父教育学生如此费心，却分文不取，一切都只为了培养振兴中华书法的后人。

◇ 义卖赈灾，热心公益

除了是书法大家、慈祥师长之外，刘东父清流绝响的人品也为人称道。1937年，他在成都举办书法义卖，为河南的旱灾筹款，将所得一万余元法币全部捐给了灾民。他不仅从不收学员的学费，应邀讲课时也从不索要报酬。同时，刘东父十分热心公益活动，杜甫草堂在20世纪50年代初修复时，刘东父积极参与，为草堂撰写楹联，还推荐家中的雕花木匠镌刻草堂的楹联匾额等。

刘东父《竹兰图》

　　成都市西城区书法组是西蜀最早的书法沙龙，刘东父为了提高书法爱好者的水平，亲自参与书法沙龙的讲座，还为书法组请来蜀中名宿进行指导，内容涉及文化、历史、书法、绘画、鉴定等多个方面，全面提升了学书者的水平，也以此为书画界培养出了大批骨干。在授课时，刘东父强调要仔细研究古人的碑帖，在理解古人的基础上追求创新，追求书画的艺术性。

　　20 世纪 70 年代，进入古稀之年的刘东父依然积极参加社会活动，他多次前往学校、工厂等地为书法爱好者做指导，遇到优秀的后辈就大力提携，受到了大家的欢迎。在日本书道代表团访华时，刘东父前往交流，他还与代表们相互切磋，刘东父的书法获得了日本书道代表的肯定和赞扬。为了振兴书法，刘东父在省政协会议上与其他书法家一起，提出了振兴书法的联名提案，受到政府的重视。

　　刘东父继承和发扬了中华书法艺术，也为后辈做出了表率，双流人应在刘东父高尚人品的映照下，时刻牢记提升自身修养，力戒俗气，以丰富的学识和良好的品行更好地建设双流，为振兴中华民族贡献自己的力量。

刘建秋：
永不消逝的生命连线

2008年5月12日14时28分4秒，四川省阿坝藏族羌族自治州汶川县突发里氏8.0级特大地震，从那一刻开始，住在成都双流的李润维心中的恐惧和担忧就没有间断过。

地震第二天，李润维与远在马尔康的丈夫刘建秋简单通了一个电话，那天丈夫刚接到赶赴救灾一线的通知，电话里丈夫的话语不大，但很急："不怕有什么危险，保通信的活一定要干，我不去总有人去。"那天后，丈夫就再也没有了消息。她每天要给丈夫打好几个电话，但全都打不通，她整日整夜都合不了眼睛，心里总有一块大石头落不下来，没想到的是，几天后，这块大石头落地了——丈夫牺牲的噩耗传来。

◇ 抢救通信生命线

地震发生时，李润维的丈夫刘建秋，作为中国移动成都通信建设工程局施工队队长，正带领队员在阿坝州马尔康进行"村通工程"建设。5月13日9时，阿坝州移动通信抢险指挥部命令刘建秋和其所率的35人的工程队立即就地转为抗震抢险突击队，此时早有抗震救灾之心的刘建秋没有丝毫犹豫，马上组织全队进入临战状态。

5月14日18点，刘建秋接到命令，迅速带领抗震抢险突击队抢修马尔康经理县至汶川的通信光缆，尽快恢复已中断两天的汶川、理县107个乡镇的通信。接到任务后，刘建秋带领突击队火速向汶川进发，务求尽快恢复通信。

为了在第一时间打通"马尔康—理县—汶川"这条长240多公里的通信生命线，恢复汶川对外联系，抢险队奔忙于理县山岭乱石间，全力抢修通信光缆。经过连夜的奋战，冒着余震的危险，至15日6时，抢险队抢通了马尔康至理县90余公里的通信线路。

当天天刚放亮，刘建秋拖着疲惫的身躯刚准备吃饭，便听说凌晨抢通的光缆又被余震破坏，上级要求立即恢复。

考虑到刘建秋所率突击队已经累了一个通宵，指挥部打算另外组织人员进行抢修。刘建秋闻讯立即主动要求再上一线："情况我熟，让我去！"就这样，一口饭没顾上吃，一分钟觉没睡，刘建秋又带抢险队伍上了一线。16日凌晨2时30分，通信再次恢复，刘建秋这才和又累又饿的队友们一同返回理县。之后，稍事休息，天刚亮，刘建秋又率队奔赴自己生命中的最后一个阵地。

◇ 用生命为队友赢得撤离时间

天刚麻麻亮，他们负责抢修的位于古儿沟至理县县城之间的高家庄路段光缆又出现状况，刘建秋带领抢险队员再次出发。由于余震和山体滑坡不断，光缆 4 次修复，又 4 次被打断。

这一路段地势险峻，两山夹一江，江两岸峭壁陡立。光缆路一侧是山崖，上方 150 米处有大片岩壁裸露，松散的岩石不时从石壁上滚下，扬起阵阵尘土，轰鸣着落入江中。

面对这样的局面，刘建秋与队员们没有一人退缩，他们置险情于不顾，无畏地在随时可能被余震震落的岩石底下快速抢修光缆。此时，生死早已被他们抛之脑后，在他们心中只有一个念头：时间就是生命，尽快修复光缆，打通汶川与外界通信联系，让国家可以及时、准确地布置妥当的救灾方案，继而让更多受灾群众可以被救出。

然而，不幸的事情发生了。

13 时 24 分，工程人员李维祥正在最后检查电缆，队长刘建秋就在他旁边不远处。进山以来，这是大家最高兴的一天，光缆终于接通了，这里距离震中汶川只剩下 60 多公里了，所有人注目的通信生命线似乎就要被打通了。刘建秋情绪很高，一再叮嘱大家要检查清楚，确保光缆安全。工程车发动了，大家整理工具准备上车，作为队长的刘建秋照例走在最后。13 时 25 分，理县突然发生 5.9 级强烈余震，引发高家庄段山体大面积滑坡。只听得"砰"的一声，地动山摇，恐怖的一幕出现了，大大小小的飞石像下冰雹一样夹着尘土从山崖上坠落，瞬间砸向毫无抵抗能力的人们。

这时候，工友们几乎都是背对山坡弯腰作业，看不到从背后滚下来的石头。刘建秋第一个反应过来，他本可以飞跑撤离，但眼见飞石滚落，身为队长的他顾不上躲闪，急忙大喊："大家快往安全的地方跑……"这声呼喊像拉响了一道警笛，唤醒了山脚下的每一个人，就在头顶袭来飞石的同时，大家纷纷丢下工具向安全的地带狂奔。

烟尘滚滚，能见度很低，连两米开外的东西都看不到。

看着慌乱的人群和扑面而来的飞石，李维祥被眼前的一幕吓蒙了，等他反应过来跑的时候想回头拉队长刘建秋一把，反而感到后背被人猛推了一把，他就顺势倒在地上。回过神来，当他回头看刘建秋的时候，刘建秋却躺在地上一动不动，肩上的血不停地流。

那一幕，李维祥一辈子都不会忘记，在刘建秋身体旁边，他清清楚楚看到了一块铁饼大小的石头，上面沾满了斑斑血迹，而石头落下的地方，恰恰是自己刚才所站的位置。他这时清醒地意识到，那块石头是从他背后打过来的，正是因为队长刘建秋推了他一把，他才逃过此劫，否则现在躺在地上的人就是自己了，而刘建秋却因此身受重伤。

余震持续了整整5分钟，尘土散去，让在场所有人都动容的是，在刘建秋原来位置后方，不到一米远就是一片安全地带，哪怕向后倾一倾身体，他都不会倒下。可就在这不到一秒钟的时间里，他本能地选择了向前，向前用自己的身躯、用张开的手臂为队员挡住了飞石。没有人知道，在那一刻，他需要多大的勇气。

此时，由于山体大面积滑落，前后道路都被封死了。

所幸的是，和施工队一起被堵住的还有第三军医大学新桥医院医疗应急小分队人员。他们立即对刘建秋实施抢救。来不及搭帐篷，医生就跪在地上，用6把手电照明，查看刘建秋的伤情：胸臂部重创，失血过多，呼吸、心跳停止，必须马上手术抢救。

45分钟的手术暂时延缓了生命的逝去，但刘建秋的气息仍然很微弱。队友们心急如焚，却又无能为力，只能轮流给队长鼓劲，期望他们的呼唤能挽留住队长的生命。

大山深处，滑落的巨石旁边是濒危的生命。在接下来漫长的黑夜里，剧烈的疼痛让几十个小时没睡觉的刘建秋不得不放松下来，但他喊疼的声音也越来越微弱……

天亮了，路也通了。17日9时，就在被火速送往医院的途中，这个铁一般的汉子耗尽了最后一点能量，停止了呼吸，在汶川特大地震抢险救灾中献出了年轻的生命，时年36岁。队友听到他说的最后一句话是："我想回家。"

◇ 英雄魂归故里

"建秋回来了。"

2008年5月19日凌晨，刘建秋的遗体被送回家乡双流县东升镇双桂村（今东升街道双桂社区）。双桂村1000多位父老乡亲扶老携幼，自发地涌向村外的路口，手拉一白底黑字横幅——"沉痛迎接抗震救灾英雄刘建秋魂归故里"，用他们最隆重的礼遇，把他们从小看着长大的建秋迎回这块生养了他36载的土地。

"我没有白养他一场。"刘建秋61岁的老父亲刘仕明，老泪纵横，数度哽咽。刘仕明原名彭德运，为清代四川地区唯一"武状元"彭阳春一脉后裔，后抱与亲戚刘家承桃，故改为刘姓。也许是继承了家族的尚武传统，刘建秋身上早早就表现出大义凛然之气；也许正是家庭的理解和关爱，让刘建秋有了奋勇前行的动力。刘建秋此前的最后一次回家，是在3月底。在临行前的饭桌上，父亲破天荒地和儿子碰了杯酒。父亲举杯只说了一句话："今年闹雪灾，你娃干得好，当了先进，给屋头争了光，我们爷俩喝杯酒。"儿子没吭声，一仰脖儿，酒下肚，没想到这竟成了父子诀别。

家里人都还记得，那是这一年的大年初三，听说单位要组织去江西支援冰灾通信抢修，刘建秋二话不说就报了名，告别家人，踏

贰 情系百姓，为民纾困

双桂村乡亲迎接刘建秋烈士遗体回归故乡

上了去往灾区的路途。

在受灾最重的吉安遂川县，在紧邻湖南郴州的营盘圩山上，刘建秋与队友抢修被冰雪损毁的江西吉安至湖南郴州的干线通信光缆。当时气温零下一二十摄氏度，在海拔 1200 多米的高山上，雪没过膝，荆棘丛生，刘建秋自告奋勇，走在上山查找线路故障队伍的最前列。他手持砍刀，披荆斩棘，破冰踏雪，为抢险队伍开路前行，几公里山路走下来已是手脸划破，血痕斑斑……由于表现突出，刘建秋被中国移动成都通信建设工程局评为抗雪救灾先进个人。

这一次在汶川特大地震的救灾战场上，刘建秋烈士走了，但是有很多的人因为他活了下来。他离开后，他的精神还一直鞭策着队友们，5 月 19 日 18 点 30 分，虽然没有了队长的带领，35 名突击队员还是连续奋战了三天三夜，终于将光缆铺到汶川。至此，马尔康至汶川的光缆再次全线贯通。

通信网是灾区内外信息沟通的生命线，通信恢复得越快，救灾效率就越高，抢救的生命就越多。马尔康至汶川光缆的全线贯通，为国家抗震救灾做出了卓越的贡献，拯救了许多受灾群众。那是一条通信生命线，而刘建秋将自己的生命作为代价，换来了这条线路的畅通。从理县到双流，从双流到整个四川，在灾难袭来的特殊时期，在家园被摧毁的绝境之中，一种坚强勇敢、无所畏惧的力量随着刘建秋烈士的事迹传播开来。如今，10 余年过去，刘建秋烈士无私无畏的奉献精神早已成为一条永不消逝的生命线，激励着一代又一代双流人乃至所有中华儿女不断砥砺奋进，建功新时代，展现新作为。

在中华民族的发展历程中，华夏大地上涌现出无数为了国家兴盛和人民幸福无私地燃烧自己生命的英才。他们大公无私，常怀一颗赤胆忠心，舍己为人、公而忘私；他们将公正镌刻在心间，守卫人间正道，鞠躬尽瘁、乐于奉献。

在双流大地上耕耘的无私英才们以君子之道达济苍生，有人心忧天下，忠心雅量为社稷；有人克己奉公，兴学化民传文化；有人勤于民事，公正严谨救苍生；有人热心慈善，公而忘私育人才……正因为有了这些舍己为人的无私英才，双流的土地上才能孕育出灿烂的文化，被这些文化滋养的后辈，也将在双流创造一个又一个辉煌。

叁

大公无私，达济苍生

彭乘：

兴学化民，传播文化

清澈的溪流像一条闪亮的缎带，在山间流淌，倒映着天空的蓝色。几个凿石的工人攥着錾子和铁锤，在溪上叮叮当当地工作着，头上滚落下豆大的汗珠。溪水撞击在石块上，发出噼噼啪啪的响声，将山谷衬托得愈加静谧。普州知州彭乘走到溪边，看着这项即将完成的工程，露出了满意的微笑。

这些工人是彭乘请来的，他想要把普州（今四川省资阳市安岳县）岳阳溪凿石为曲水，增添几分雅致，然后请当地的文人雅士来这里修禊。就像当年东晋王羲之和一众文士名流到山阴兰亭修禊一样，彭乘也准备在"崇山峻岭""茂林修竹"之间，与"群贤""少长"一起坐在"流觞曲水"边，赋诗作文、"畅叙幽情"。

南宋藏书家刘仪凤、南宋大数学家秦九韶、明代进士张任学……长期以来，普州文人辈出，与彭乘的努力是分不开的。彭乘初来普州任官时，这里还弥漫着朴鲁无学的风气，百姓们大多没有读书的意向，彭乘兴办学校，为当地人讲解读书治学的重要性，经过不懈的努力，终于改善了当地的风貌，提高了当地的文化水平。

◇ 受人刺激勤奋治学

宋太宗雍熙二年（985 年），彭乘生于益州华阳，他在青年时代就因好学而闻名乡间，宋真宗大中祥符五年（1012 年）考中进士。彭乘对北宋太宗、真宗两朝名臣张咏慕名已久，张咏出任益州知州时，彭乘想要把自己写的文章呈给张咏，就请托一位法名为文鉴的高僧代为转达。彭乘本以为自己能得到赏识，不料张咏看完他的文章后，沉默无言，没有说他写得好，也没有说他写得不好，只是把那篇文章扔到了地上。

彭乘听说了张咏的反应后，认为是对方轻视自己，这使他信心大失，在很长一段时间内都闷闷不乐。不过，这次的事件狠狠地刺激了彭乘的神经，他缓过劲儿来，重整旗鼓，将这件事当作激励自己的动力，读书写文愈加勤奋。

后来，张咏奉召回朝，临行前，专门找到文鉴和尚，拜托他把彭乘找来。见到彭乘后，张咏说出了自己之前将他的文章扔到地上的原因：“其实，在拜读完你的大作之后，我心中非常佩服，无论是文章结构还是文采，你的水平都是一流的。但你太年轻，我怕如实说出自己的评价，会让你骄傲，从而自满懈怠，耽误前程。所以我把你的文章扔到了地上，想要用这种方式激励你精进。”说完，张咏又赠予彭乘交子二百贯，让他拿着买书进学。

◇ 破例知普州兴学化民

彭乘考中进士后，于天禧元年（1017 年）被宰相寇准推荐，

（北宋）李成《寒林高士图》

出任馆阁校勘，改天平军节度推官，参与《南史》《北史》《隋书》的校勘工作。后来又改秘书省著作佐郎，迁本省丞、集贤校理。彭乘之前和同学登上相国寺阁游玩，远眺乡关，怅然若失地说道："亲老矣，安敢舍晨昏之奉，而图一身之荣乎！"所以彭乘一直有还乡侍奉双亲的想法。

宋仁宗即位后，彭乘再次请求回乡为双亲养老，这一次，彭乘的孝心感动了宋仁宗。天圣年间（1023—1032年），宋仁宗为彭乘破例，批准他还乡，并将他任命为普州知州。按照当时的律法，当地人是不能够在本地做官的，身为蜀人，彭乘能够在蜀地做官，足见他在仁宗皇帝心中的位置，他也是这项规定的例外第一人。

到任后，彭乘发现，因为普州位于蜀地中部的丘陵地带，土地贫瘠，百姓每日忙碌，收入依然很低。生活贫困的居民们整日为生计奔波，自然没有时间也没有兴趣读书学习，这种状况导致当地的文化水平整体偏低。于是彭乘开始大力兴办学校，请来名师教学，为百姓们讲解治学的好处，鼓励后辈在闲暇时来学校上学。同时，彭乘亲自挑选了一批天资聪颖的后生来学习，取得了一定的成效。

经过彭乘的努力，尚学之风渐渐在普州传播开来，普州的百姓也懂得了读书治学的好处，进入学校学习的人越来越多。几年后，普州的文化水平普遍提高，文人雅士也渐渐多了起来。彭乘见到这样的状况，十分高兴，于是雇了凿石工人，将普州的岳阳溪凿为曲水，要与当地的文人名流一起，修禊赋诗。如此雅致之事，在当地被传为佳话。为了纪念彭乘将雅士之风带入普州，后人将他们当年的修禊之地命名为翰林滩。

◇ 藏书聚书传播文化

彭乘一生中最大的兴趣就是读书和藏书，晚年辞官回到家乡华阳后，更是将精力完全集中在了对典籍的搜集上。他没有置办产业，也没有为子孙留下什么财产，但聚书万余卷，为后辈留下了用之不尽的精神财富。彭乘把俸禄全部都用来购买图书了，他之前在馆阁任校勘，本人精于校雠之道，所以藏书全都经过他的亲自勘校，其中有不少都在后来成了善本书。

彭乘还把藏书校正刊刻后对外发行，从北宋至南宋，巴蜀地区流传的相当一部分书都是从彭乘手中传出的，这为蜀地的文化繁荣奠定了坚实的基础。巴蜀地区的文学家和史学家数量从北宋中叶开始增多，蜀学也逐渐在全国取得了领先的地位，这些光辉灿烂篇章的开启，与彭乘兴学化民、藏书聚书、传播文化的努力是分不开的。

庆历年间（1041—1048 年），颇具声望的老儒彭乘又受到了

叁 大公无私，达济苍生

宰相的推荐，在翰林院任职。宋仁宗喜欢任用老成的儒士，因此对彭乘十分敬重。皇祐元年（1049 年），彭乘在华阳的寓所去世，年六十五岁。

彭乘不仅在任职的不同地方兴学化民，其返回家乡后藏书聚书的行为也为家乡的文化积淀贡献了不可低估的力量，为构建宋代的繁荣文化起到了积极作用。如今的双流，正是基于一代又一代以彭乘为代表的双流人的努力，才能立足地域特色文化资源，用文化赋能城市发展，在传承与创新间，将灿烂辉煌的历史文脉一一呈现，不断书写新的故事。

范百禄：
勤于民事，废法令救苍生

黄河又泛滥了，黄河水患一直是宋朝的大问题，这一次，都水官建议恢复黄河故道。范百禄受尚书左仆射吕大防的委托，前往实地考察。到了现场，范百禄看到黄河东流高仰，而河势顺下，这个情况是万万不可回到原先的黄河故道的。了解到这一状况后，范百禄立刻将自己的见解写成奏章，驰奏朝廷。

朝廷中的官员现在赞成恢复黄河故道，但这件事的影响不仅关乎水患治理，还关系着御寇之事。想到这里，范百禄又拿出宋神宗时代"勿塞故道"的诏令一并呈上，极力劝阻恢复故道之事。尚书左仆射吕大防看完范百禄的报告，仍然犹豫不决，他说："大河东流，中国之险限。今塘泺既坏，界河淤浅，河且北注矣。"

范百禄据理力争："塘泺有限寇之名，无御寇之实。借使河徙而北，敌始有下流之忧，乃吾之利也。先帝明诏具在，奈何妄动摇之。"在范百禄的劝说下，这一危害极深的黄河故道恢复工程终于被制止了。

这只是范百禄人生中的一个插曲，在 65 年的人生旅程中，范百禄始终以百姓利益为先，走在广济苍生的大道上，最终成为后世楷模。

◇ 建言改善军队状况

北宋名臣范百禄是成都华阳人，是北宋著名史学家、文学家、政治家范镇之兄范锴的儿子。进士及第后，又被举才识兼茂科，他辗转多地，任知县、提点刑狱等。后来，范百禄入为司门吏部郎中、起居郎，迁中书舍人，任刑部侍郎，改吏部侍郎，兼侍读、翰林学士，以龙图阁学士知开封府。不论在哪个职位上，范百禄都坚守廉慎耿介的原则为官，受到朝廷的重视和百姓的爱戴。

范百禄提点刑狱时，有一次前往利州（今四川省广元市）检查工作，他发现卫守利州地方的军队武守周永懿贪赃枉法，在当地造成了极其恶劣的影响。当时担任利州转运判官的鲜于侁因为揭发了这起贿赂案，被报复流放。了解了这一情况后，范百禄在回京师复命时，建议朝廷恢复至道（995—997 年）十五路先例，施行文吏领兵的制度（使用文职官员管辖军队），宋神宗应允。

为了整肃军队，范百禄建议"五路置三十七将，专督所部兵"，以此改善军中懒散的状况。除此之外，他还建议军队主动吸收平民布衣中具有才干的人，让他们"参军谋"，这样就能有效地杜绝军队的腐败问题。当时的军队中，人员成分很复杂，"或以恩泽市，或以赎收，或未历边方，或起于群盗"，让这些人去打仗，朝廷很不放心。于是范百禄请求恢复旧制，军队中的将佐专门负责教练士兵，其余事务由各州县管理。范百禄的这些建议主张，帮助宋朝军队改善了当时的状况。

◇ 废法令以救将死之民

熙宁七年（1074年），天下遭遇大旱，朝廷内外都在为此事惊慌。宋朝施行"手实法"，百姓自报田地和财产，官府以此作为征税的依据，且允许他人告发，以查获资产的三分之一为赏。这个办法最终成了搜刮民脂民膏的工具，扰民太甚，"使人自占，必不以实告，而明许告讦，人将为仇"，让礼义廉耻等风气渐渐衰落。

看到天大旱，范百禄赶紧向朝廷进言，在天旱的年份应该讲实务。他建议朝廷赶紧收回不利于百姓生计的法令，特别是像"手实法"这样容易引起仇恨的法令，让"民家尺椽寸土，检括无遗，至于鸡豚，亦遍抄之"，应当立即废止，"以救将死之民"。

元祐元年（1086年），宋哲宗即位，范百禄迁为中书舍人。当时正是司马光执政的时候，他想要废除王安石的"免役法"，恢复"差役法"，对各地受贿者进行严厉惩处，

（北宋）赵佶《听琴图》

113

发配流放。但差役是根据户等的高低轮流担任，协助官府征税，如果有人逃税，就由户长等代为支付，这就导致了中产阶级的破产。百姓害怕重蹈户长的覆辙，不敢扩大和积累自己的财富，导致低收入群体难以摆脱贫困。而同时，很多地方大户都可以凭借关系获得官户的资格得以免役，所以差役法从根本上说是一种剥削。

范百禄极力劝阻，认为"差役法"不宜推行，否则心术不端的官吏会借此增加犯人，借流放之机收受更多的贿赂。司马光听了范百禄的建议，暂缓施行"差役法"，范百禄再一次凭借自己的力量保护了百姓。

◇ 勤于民事，狱无系囚

元祐年间（1086—1094年），范百禄以龙图阁学士的身份出任开封府知府。在任职期间，他整日为百姓操劳，因为勤于民事，使得监牢中没有一个囚犯。当时，把这种现象叫作"圄空"（出自汉王褒："周公躬吐握之劳，故有圄空之隆。"意思是没有人犯罪，监狱为之空虚）。

看到这项了不起的政绩，范百禄的下属僚吏打算以"圄空"为他邀功，但被范百禄制止了。范百禄认为，开封府纵横千里，没有人犯罪被囚，是因为国家施行仁政，而并非自己一个小小的开封府知府的功劳。不让下属为自己的政绩请功，这种谦逊让周围的人无一不赞叹佩服。

范百禄对内施以仁政，对外以信服人。当时的唃厮啰国第三代赞普阿里骨生性残酷暴虐而且有病，同时湟州邈川吐蕃大首领温溪心八族打算内附，熙河路范育认为可以将其归纳。范百禄则持有不同的意见，他进言"中国以信抚四夷，阿里骨未有过，溪心虚实未可知，无衅而动，非策也"，又请奏筑兰州纳迷等三城。

范百禄一生为官公正严谨、不偏不倚，这位从双流走出去的名臣对宋朝社会的繁荣安定有着不容忽视的作用，在他的努力下，边境安宁、百姓安居、牢狱空虚。不论为官为人，范百禄都成了今天双流儿女的标杆。如今的双流，更加需要更多如同范百禄一般的有识之士，以人民的利益为出发点，为人民谋幸福，为建设这片古老又厚重的土地贡献自己的力量。

彭端淑：
为"吾邑"课士育贤

今天一提起双流的彭镇，大多数人心里都会充满温情。不论是市井的老街、随处可见的老手艺人，还是观音阁老茶馆，甚至是街边的苍蝇馆子……都让人感到惬意与自然。然而这些都只是百年彭镇的冰山一角，擦去厚重历史与文化的尘埃，才知彭镇原来并不叫彭镇，它的得名与一位文化名人息息相关，他就是与李调元、张问陶一起被后人并称为"清代四川三才子"之一的彭端淑。

◇ 忠孝勤俭，崇实黜浮

清康熙三十八年（1699 年），彭端淑出生于四川眉州丹棱（今四川省眉山市丹棱县）一个富庶的官宦之家，他的祖父彭万昆是明怀远将军、清简州（今四川省简阳市）判官，外祖父王庭诏是夹江名儒。在家庭的影响下，彭端淑从小就将"崇实黜浮，忠孝勤俭"牢记于心，并在日后将其作为自己为人处世的标准。

彭端淑分别在清雍正四年（1726年）和清雍正十一年（1733年）考中了举人和进士，正式进入仕途，被任命为吏部主事。他十分重视为官之道，常常告诫自己要慎重地处理每一件事。在任上，彭端淑需要时常出巡，到州县察访议事，他每次只带一两个随从随行，身着轻衣，尽量低调行事。而且，为了不给当地吏民

彭端淑

添麻烦，彭端淑每次都要提前告诉路过的州县，禁止他们迎接自己。在到达后，他也只是办事而已，办完事就赶紧离开，绝不准当地官员款待自己，更不准送礼，违反这些规定的人，都会受到严惩。这些做法深得民心，也让政事清明。

清乾隆十二年（1747年），彭端淑时任吏部文选司郎中，他被选为顺天（今北京市）乡试同考官。在这次考试中，他独具慧眼，拔取了河间才子纪晓岚，将他选拔为解元，彭端淑为朝廷发现了一位极具才能的官员，纪晓岚后来成为《四库全书》总编纂。

后来，彭端淑又出任广东肇罗道署观察使。上任不久，他就亲自将各州县的案卷调来查看，对自己的幕僚开诚布公，在一个月的时间里就解决了积压的3000余件案件。在任六七年间，彭端淑上报朝廷、下抚黎民，始终以和气宽厚的态度对待他人，又督修书院，请名师授课，受到士民们的爱戴。

大公无私，达济苍生

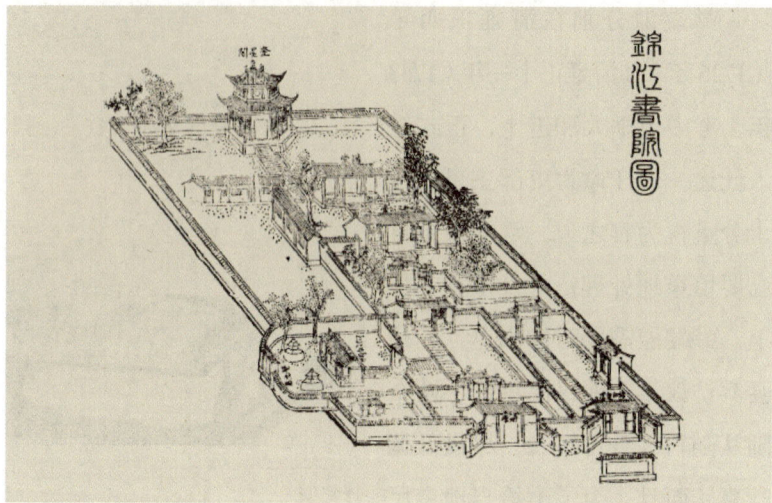

锦江书院图（图据嘉庆版《华阳县志》）

◇ 辞官回乡，潜心执教

清乾隆二十六年（1761 年），彭端淑监督粤西粮运，原本风平浪静的南海突然掀起了风浪，彭端淑在督粮船上没站稳，不慎失足落水。被船员们搭救上来之后，彭端淑若有所悟，这原本平静的大海就像官场一般，不知什么时候就会掀起风浪。彭端淑也已经对官场的尔虞我诈感到厌烦了，想要抽身而退，这次落海大难不死，应该做出决断了。

经历此事后，彭端淑辞官归蜀，隐居在成都的白鹤堂。四川按察使刘德芳为了兴教育人，在文翁石室的故地修建了锦江书院，四川学政又邀请彭端淑来此任教，从此，彭端淑开始了潜心教书育人的生活，他在锦江书院担任主讲、院长长达 20 年的时间，把自己的后半生奉献给了文化教育事业。在彭端淑的悉心教育下，门下人才辈出，诗人李调元、进士张翯、钟文韫等都是他的学生，也有越来越多、越来越优秀的学生慕名而来，想要在彭端淑门下学习。

在隐退的日子里，彭端淑一直过着简朴的生活，常常用自己种的菜佐稀饭吃，很少吃肉。他在《种蔬》中记载了当时的情况：

老去复何为，无营亦无欲。

淡泊性所甘，食不假粱肉。

宅外有闲园，土沃方种蔬。

过着俭朴生活的彭端淑，心中却时常牵挂着国家与人民，他写了很多忧国忧民的诗句，比如《杜鹃行》中的那句：

今古世事如苍狗，王侯蚁蝼同枯朽。

◇ 膏腴双流是"吾邑"

在闲暇时分，彭端淑喜欢叫上朋友，一起去郊外游玩。一次，他和朋友们来到成都南郊永丰场的杨柳河畔漫步，但见如翡翠般碧绿的水面上，倒映着蓝天白云，微风拂过，两岸的依依杨柳随之摆荡，风景秀丽迷人。杨柳河畔的如画风光为彭端淑的写作提供了源源不断的灵感，于是他将家人接到了永丰场，在这里安家落户。之后，这里姓彭的人家越来越多，大家都仰慕彭端淑的人品与学问，就把"永丰场"称为"彭家场"了。

见杨柳河两岸来往不便，双流县知县徐樾于清乾隆二十八年（1763 年）提议在河上修建一座石桥。7 年后，一座十一孔石拱桥落成，彭端淑答应徐樾写一篇文章记载这件事，于是有了《第一桥记》。

> 去邑郭西十里许，日彭家场，一日杨桥，以二家得名故也。其地膏腴，产稻、麦、菽、黍、油麻、蓝靛之属，甲于他邑。市旁曰杨柳河，其水自灌口来，迤逦至江口，汇锦水，以达于荆楚、吴越间。舟楫往来不绝，四方商贾蜂拥蚁聚。盖吾邑之一大都会也……

在《第一桥记》中，彭端淑赞颂双流是"膏腴"之地，彭家场有"舟楫往来不绝，四方商贾蜂拥蚁聚"的繁华，他还亲切地将双流称为"吾邑"，对双流的感情跃然纸上。

而双流人也没有忘记彭端淑，彭家场于1912年开设镇会，定名彭镇，这个名字沿用至今。彭镇还修建了"优学步道"，在路边立了一块刻有彭端淑《为学》散文的巨石，激励后辈学子们努力求学。

> 天下事有难易乎？为之，则难者亦易矣；不为，则易者亦难矣。
> 人之为学有难易乎？学之，则难者亦易矣；不学，则易者亦难矣。

《为学》一文不仅激励了彭家的后代，让他们在各自的领域大放光彩，而且也深深影响了双流人，双流人民至今还在追慕尚学遗风，这是彭端淑对文化教育事业重视的深远意义。

今天的彭镇，是个靠近都市但又不太惹眼的小镇。镇子偏西一隅街道狭窄，小青瓦房木板铺面，古街老宅风韵犹存，有着古朴淡雅飘逸的美，似乎时光还定格在几十年前。每逢周末总有一些摄影爱好者慕名而来，吸引他们的不仅仅是彭镇的历史沧桑感，更重要

的是彭镇的文化与内涵所带来的厚重。在一定程度上，这便得益于
包括彭端淑在内的彭镇层出不穷的文人墨客。

（清）孙益《芦鸭图》

刘沅：
教化川西且热心慈善的一代通儒

清代中叶，社会经济由恢复期进入繁荣和发展期。经过康熙、雍正两朝的休养生息，清朝人口大大增加了，耕地面积不断扩大，农业产品日益丰富。明末以来出现的资本主义生产方式的萌芽，这时突破清初的限制急遽发展起来。这一时期，在文化上也是有清以来的鼎盛时期。在这样的大背景下，双流出现了一个熔儒、释、道三家于一炉，"以中庸之道折衷百家，以圣人之书权衡杂术"的国学大师，他就是集古今大成的一代通儒刘沅。

◇ 贯通儒、道理论成一代通儒

刘沅于清乾隆三十二年（1767年）出生在四川双流县柑梓乡云栖里（今成都市双流区彭镇柑梓社区）一个书香世家，他从小聪慧过人，刻苦自励，7岁能文，有"神童"的称号。虽然刘沅早年在乡试中多次中榜，但因父亲去世，家中贫困，他不得不留在家乡教书，一边侍奉母亲，一边赚取微薄收入补贴家用。在 25 岁考中举人后，刘沅依然选择留在家中，对体弱多病的母亲尽孝。自那之后，刘沅三试不第，终于在 30 岁那年断了自己走上仕途的念想。

清嘉庆元年（1796 年），刘沅陪伴考中进士的哥哥刘芳皋北上赴任。途经湖北紫柏山时，刘沅遇到了隐居在紫柏山中的静一道人。与静一道人的接触让刘沅接受了道家的养生思想，静一道人大谈修养之道，还为刘沅仔细讲解了道家的理论，学儒出身的刘沅立马体悟到儒、道两家的相通之处，自此，刘沅开始自觉地将两家的思想融合在一起。

但在刘沅留京期间，家中发生了诸多变故，刘沅的两个侄子相继殇逝，之后刘家又经历了被强邻侵占坟地的事，刘母和刘沅双双病倒。刘沅回到家乡后，在集市上遇见一位打扮奇异的卖药老人，便向他请教延年益寿的药方。这位老人名叫野云老人，他向刘沅解释，人的身体中自有长生之药，只要修身养性，以仁德为本，就可以长寿，简单来说，就是"返求诸身心"而已。见野云老人谈吐不凡，刘沅便拜他为师，跟着他学习了 8 年。期间，刘沅的身体渐渐变得健壮，他还进一步将儒、道两家的理论结合起来，学问日益长进，成为一代通儒。

刘沅着眼于民族终极价值观的视角，把传统的心学提升到心源学，重视人心的提升和净化，这是刘沅对传统陆王心学加以升华的独放异彩的新心学。就蜀学而论，他上承明代内江赵贞吉"与天地万物同其良，与百姓日用同其能"的新心学，又下启 20 世纪金堂贺麟"儒化西学"的新儒家，这正是刘沅超越前人、启迪后人的所在。

叁 大公无私，达济苍生

◇ 创立槐轩之学教化川西

刘沅在 46 岁那年，从刘家的祖宅搬到了成都南门纯化街（原位于上南大街与中南大街交会处东侧）居住。纯化街的院子中有一棵郁郁葱葱的老槐树，茂密的枝叶像撑开的巨伞一般，为整个院子洒下一片荫凉。因此，刘沅给自家的宅院取名为"槐轩"，他在这里讲学布道，开始了长达 40 多年的教书育人生涯。

在"槐轩"的学堂中，刘沅不仅教给学生们知识，同时还培养着大家的学习习惯。为了让学生们养成终身学习的习惯，刘沅往往让大家自学，并将自己不明白的内容标注好，等到上课的时候提出来，刘沅带着大家学一遍，然后为大家答疑解惑，这样，学习方式就从原先的死记硬背变成了主动理解吸收，事半功倍。

除此之外，刘沅还将道家养心静气的手段用在了日常教学中，在开始读书学习之前，刘沅会先让学生们静坐，将心气沉淀下来，让活跃的思维静止，然后再开始读书学习。使用了这个方法的学生们在学习之前凝神静气，都取得了让自己满意的效果。

40 多年来，刘沅门下的学生达到了几千人，在他的悉心教育下，考中进士的学生就有 100 多人，考中贡士的学生有 300 余人，获得孝悌贤明评价的学生多得数不过来。刘沅

刘沅 88 岁肖像

因在文化教育方面取得的卓越成就，被人们尊称为"川西夫子"。

一生桃李满天下的刘沅为后人树立起了一个榜样，他更是与家中子侄、学生们共同组成了一个大家庭，形成了以槐轩之学为宗的"槐轩学派"。槐轩学派以儒家思想为根本，吸收佛家和道家思想，刘沅又融入了自己的一生所学和人生经验，逐渐成为中华传统文化中的一颗明珠。

◇ 筹集资金热心慈善

除了在教育事业上非常用心之外，刘沅还是个远近闻名的大善人。他收学生的时候，从不在意是否能赚到学费，常常将贫寒的学子收入门下，对所有学生一视同仁。知行合一的刘沅同样重视对贫弱群体的救助，他将多方筹集的资金，全部拿来兴办当地的慈善事业。

刘沅还同样重视对文物古迹的保护。清道光五年（1825 年），刘沅主持了武侯祠的修缮，这是清朝武侯祠最大也是最重要的一次修缮工程。在这次修缮中，刘沅根据"纯臣"的标准，修订了武侯祠文武廊的蜀汉人物像，并且在每位文臣武将的塑像前面立起一块刻有人物简要说明的石碑，这些石刻至今仍然保存在武侯祠内。除了武侯祠，刘沅及其后人还组织修缮过都江堰、青羊宫、杜甫草堂、望江楼公园等古迹。

刘沅是四川古代思想史上著名的思想家，其学说博大精深，浓缩传统文化精华，具有跨越古今的文化建树和人生智慧，不仅对四川国学界影响深远，更成为中华民族珍贵的文化遗产。作为槐轩学派的创立者，刘沅不仅通过自己的力量，为川西培养出了一批又一批人才，而且用潜移默化的影响，培养和塑造槐轩后人，让槐轩的精神与品德具备了超越时代的力量，至今仍然影响着后世子孙。为了纪念刘沅，在今天的成都市双流区彭镇的杨柳河畔，人们建起了一座槐轩故里文化苑，供后人祭拜先人、参观了解刘沅一生的经历与思想主张，让槐轩之风与双流精神有机融合。

　　文化自信离不开传承，历史烟云散去，牌匾苍苔斑驳，百余年后之今天，重新邂逅蜀中大儒，显得尤为迫切与必要。

刘仕廉:
利泽万民的济世名医

刘仕廉塑像

昏黄的灯光下，刘仕廉还在埋头苦读，自从父亲去世后，他就更加刻苦，每日昼夜不停地学习，想要早一点实现父亲的遗愿。刘仕廉的父亲一直对儿子寄予厚望，他希望刘仕廉能够走上仕途，为百姓造福，兼济天下，在父亲的鼓励下，刘仕廉从小就勤奋好学。如今父亲辞世，刘仕廉心中悲痛万分，只能用加倍努力的方式回应父亲的期待，争取早日完成父子俩达济苍生的心愿。

只是，刘仕廉自己都没想到的是，6年后的一番长达5年的病痛经历，会让自己感触颇深，更是从此放弃了仕途，走上行医之道，并最终成为利泽万民的济世名医，从另一个角度出发达成了"以济世利天下"的人生理想。

◇ 久病终成医

清嘉庆八年（1803 年），刘仕廉出生于四川双流。刘家世代居住在双流北门外磨子桥（今成都市双流区东升街道），刘仕廉的父亲对儿子寄予厚望，希望他长大后能造福百姓，所以刘仕廉从小就开始攻读童子试科目，梦想着长大后能够迈入仕途。他天资聪慧，读书勤奋，擅长写诗词，双流县的名儒宋西桥非常器重刘仕廉，觉得他日后必能成大器。

刘仕廉的父亲于清道光丙申年（1836 年）辞世后，刘仕廉日夜攻读举子之业，却不幸患上足疾，久治不愈。刘仕廉一病就是 5 年，期间有上百位医生为他治疗过，但都不见好转，过程可谓是九死一生。最终，刘仕廉决定自学医书，于是托人到处搜集和购买医学类书籍，特意在书中查找与"足"有关的内容，并依照书中记载的药方，配药舒筋除湿，但还是不见成效。见此状况，刘仕廉没有气馁，他又继续查找带"足"字偏旁的内容，终于在一本医书里发现了"痿躄门"的分类，并在分类下找到了"五痿症"，刘仕廉觉得书中所记录的病症和自己的情况很相似，就按照书中记载的药方调理。

首先，为了化解之前吃过的那些药，刘仕廉服用了高丽参和金银花。然后，他又服用了补中益气的汤药，以扶正气，让自己的手脚和脖子都可以活动。最后，刘仕廉服用十全大补汤，去掉茯苓和川芎，加入附片、枸杞、巴戟和鹿茸，吃了几剂就获得了很好的疗效。病情好转的刘仕廉又将汤剂改为丸药，服用了仅一个月就痊愈了，刘仕廉又可以正常行走了。

◇ 不为良相，当为良医

"呜呼！医道之废弛久矣。"经历了几年病痛折磨的刘仕廉在痊愈之后颇有感触，他原本想要通过科举做官济世，如今看来，当一个好医生悬壶济世也能达到造福苍生的目的。正如古人云："不为良相，当为良医。"刘仕廉遂放弃了科场的角逐，走上学医的道路。

又经过了十几年的寒窗苦读和仔细研究，刘仕廉自学既成，开始了自己的行医之路。他在双流县城的东门外开设了一家名为"大生堂"的药号，作为行医看病的场所。不论是朱门显贵还是寒门穷舍，刘仕廉都悉心医治，见识了各种各样的病症，大小沉疴经过了刘仕廉的手，随治即效，高明的医术让他名声远扬。

华阳中和场的李延鼎患了伤寒，却误以为是瘟疫，久治不愈。刘仕廉前去查看，发现患者嗜卧不语，舌黑脉微，断定为阴症，遂开了药方，患者服完两剂后便痊愈。还有双流彭家场的余焕章，患了瘟疫后，被误诊为阳虚酒病。刘仕廉见到患者后，发现对方面红舌燥，喷气如火，又通过诊脉确定为急下症，就开具了治疗瘟疫的方子，患者服下后果然病情好转。

60岁后，刘仕廉每日课子教孙，过上了退居田园的生活。两年后，陈芗墀就任双流县知县，他的幕僚吴又香患上了失血症，请了很多医生都治不好。刘仕廉之前行医的事迹传到了陈芗墀的耳朵里，他于是屡次邀请刘仕廉出诊。刘仕廉最终被陈芗墀的诚意所感动，上门为吴又香医治。陈芗墀以对待贵客的礼数迎接刘仕廉，而经过刘仕廉的诊断，吴又香在喝下几剂汤药之后，果然痊愈了。

陈芗墀惊叹刘仕廉为"神医"，二人同为饱读诗书之人，意气相投，很快结为好友，密切往来，视彼此为知音。陈芗墀不愿看到好友的才华被埋没，每次拜见上司或会见同僚，都会夸赞刘仕廉的才华与医术，因此很多高官都会请刘仕廉去府上做客，刘仕廉也将毕生所学毫无保留地拿出来，将自己的病论、药方等告知对方，知无不言。

◇ 刊刻医书济世

刘仕廉在多年的行医中积累了大量的经验，陈芎墀等人多次劝说刘仕廉将自己的论断，以及解释药性的说明整理出来，刊刻出版，但因为刘仕廉心中的种种顾虑，一直未能成行。其实，刘仕廉心中对自己没能达到父亲的期待一直很介怀，他从小就以进入仕途为志，如今自己要以医者之名在世上留下足迹，而不是以官宦之名，这不免让刘仕廉感到哀愁。

清同治十二年（1873 年），刘仕廉迈入古稀之年，在朋友们的不断劝说下，他终于同意将毕生的经验整理成书。经由双流县训导李培馥校正，刘仕廉胞弟刘仕鹏校阅，刘家门生校刊，由刘仕廉三儿子刘永钟抄写，终于在一年后将一本《医学集成》刊刻成书。书中不仅有医学理论，还有刘仕廉遇到过的典型病例，为后人分辨不同的病症提供依据。

除此之外，刘仕廉还将自己的经验编成歌诀，如《看病歌诀》《看妇女歌》《看小儿歌》《分类用药歌》《医中百误歌》等，这些歌诀朗朗上口，对学医者有很大的帮助。书籍一经出版，便广为流传。《医学集成》出版后不久，刘仕廉便驾鹤西去，他的医术由刘家后人及其门人继承。

一位良相，可以造福一方百姓；一位良医，能够利泽万民、福泽后世。刘仕廉不仅为双流县的百姓保命治病，他留下的医学理论与实例，还为医学生们提供指导，其影响一直留存至今。世人都想当保王克贼的将相，却忽略了为人除疾患的医师，故"医道之废弛久矣"，好医生难得。刘仕廉从医，为清朝的双流县提供了医疗保障，高明的医术也逐渐内化为中华民族优秀传统医学的一部分，他的经验为后来者所学习，推动现代医学的发展，为双流县的发展和民族的进步做出了巨大贡献。

尹昌龄：
"八局知府"扶贫济困润孤穷

　　1942 年 11 月 29 日，日军轰炸下的成都阴霾密布，听闻坚守在培根火柴厂的尹昌龄久病不起，教育家陶亮生和诗人林山腴前去探望。其时尹昌龄已很虚弱，面对两位友人悲叹："我要是能再活一年，看见这 8000 多鳏寡孤独有个下落，死亦瞑目！"这是尹昌龄生前留给友人的最后一句话。

　　尹昌龄为成都"五老七贤"[①]之一，1922 年，接手清末留下的早已破败的慈善机构——慈惠堂。此后 20 年，在他的苦心经营下，从接手时慈惠堂里有奄奄待毙的 300 多人孤寡老弱残疾，到日常可

---

　　① "五老七贤"：指一百年前光耀蜀中的一个文化群体。他们继承巴蜀文化的优秀传统，德才兼备，经世致用，广植桃李，嘉惠士林，使"蜀学"在国内产生深远影响。其中的佼佼者被尊称为"五老七贤"，实际归入这个行列的人数并不止于 12 个人，主要人物有赵熙、颜楷、骆成骧、方旭、宋育仁、庞石帚、徐子休、林山腴、邵从恩、刘咸荣、尹昌龄、曾鉴、吴之英、卢子鹤、文龙等。

收留救济民众近 4000 人，慈惠堂发展成为当时全国最大的慈善机构。而尹昌龄一生廉直，留给社会丰厚的慈善资产，却不曾为自己的家人留下一间屋，其感人之举在中国慈善史上留下了浓墨重彩的一笔。

◇ 辞官勇退，救济孤穷

尹昌龄

尹昌龄祖上家贫，从湖南迁到四川，居郫县，到成都经商，入华阳籍。尹昌龄于清光绪十四年（1888 年）四川乡试中举，后来以二甲第四十五名进士选翰林院庶吉士，从此走入仕途。尹昌龄历任陕西白河知县、长安知县、商州知州、延安府知府、西安府知府等职，政声卓著。尹公所到之处，多有革新，在陕西因兴学、练兵、劝工、蚕桑、铁路、游学等新政，被誉为"八局知府"，名声大振。

辛亥革命后，尹昌龄回到蜀地，出任四川军政府审计院院长、内务司司长、黔中道尹、四川政务厅厅长等职。后来，四川的政局愈加不稳定，尹昌龄干脆退出官场，辞官还乡，在家乡兴办慈善事业。

慈惠堂自清朝中后期建起，经历了动荡的局势，又被地方权势侵占，到尹昌龄接手时，仅剩下 100 余亩田产。慈惠堂中收留的鳏寡孤独者，过着贫寒的生活，慈惠堂也千疮百孔，无力收留更多的孤苦者。1923 年，成都的绅衿认为需要请一位社会贤达来主持慈惠堂大局，素闻尹昌龄居官之清廉，便多次邀请尹昌龄。考虑到那些鳏寡孤独者在当时的慈惠堂并不能得到真正的庇护，尹昌龄便决心接手。面对百废待兴的局面，他开始积极施策。

尹昌龄出任慈惠堂总办后，对慈惠堂进行了改革，裁撤了原先的普济堂、育婴堂、幼孩厂、济贫厂、恤嫠局等机构，所有援助项目由慈惠堂统一开支，有效地杜绝了乱支取和挪用现象。经过改革，慈惠堂的账目清清楚楚，尹昌龄的做法也得到了社会各界的一致好评。

1938 年 11 月，成都遭到日本战机轰炸，市民被疏散到不同的地方躲避空袭，慈惠堂也面临着巨大的挑战，如何安顿当时的数千名鳏寡孤独废疾者成了尹昌龄要面对的难题。将大部分人安顿到慈惠堂位于郊区的田亩和位于别处的企业中后，剩下的盲人群体让尹昌龄犯了难。盲人们虽然有吹拉弹唱的本事，可以在城市里赚到钱，但是在乡下却没有市场。

思来想去，尹昌龄召集了租种慈惠堂田地的佃农 400 多户，向众人叩首行礼，请求每户收留一个盲人。尹昌龄关爱弱势群体的行为感动了佃农们，加上他平日里为人忠厚，大家都同意了尹昌龄的请求，分别将盲人带回家照看。所以在成都遭遇空袭的时期，当地的盲人很少有因此去世的。

◇ 借贷办厂，扶贫济困

清末，周善培在成都推行新政，创办了惠昌火柴厂。杨森督川时，为了体恤民生，将火柴厂租给慈惠堂经营。尹昌龄接手时，火柴厂的资金仅有两万元，远远达不到开工的标准。尹昌龄拿出了自

培根火柴厂商标 1

培根火柴厂商标 2

已储存多年的俸禄，又将老伴的首饰卖掉，还是不够，于是四处奔走借贷。经过努力，终于凑够了 20 万元，尹昌龄将惠昌火柴厂更名为培根火柴厂，正式投产。

火柴厂开办时，正值提倡国货、抵制洋货的思想广为流传之时，培根火柴厂生产的无毒火柴迅速占领市场，受到百姓的喜爱与称赞。

火柴厂生产两种火柴，一种供农村使用，一种供城市使用。供农村使用的火柴，商标图案是一个端着碗吃饭的小孩，意思是生产目的是育婴。另一种火柴商标图案是一把张开的折扇，尹昌龄亲自题字"厂中余利，专恤孤穷；若有私心，天地不容；以扇喻善，奉扬仁风"表达办厂宗旨。

火柴厂每年盈利不少，但尹昌龄不取分文，将盈利全部用来扶贫济困，发展社会福利事业，他开设了培根工厂和培根学校，创办了女婴教养所、民生工厂和幼孩工厂，用来收容社会弃儿，并教给

叁 大公无私，达济苍生

他们职业技能，如织布、缝纫、石印、制鞋、制纸、扎花、陶瓷等。

虽然当时四川的政局持续动荡，局势不稳，人事屡变，但无论执政者是谁，他们都对尹昌龄尊敬有加，足见尹昌龄在当地的影响力。慈惠堂经营的果园，尹昌龄也将果子都留着，卖钱投入慈善事业，自己绝不随便摘取。去慈惠堂办公的日子，尹昌龄总是回家吃饭，绝不在堂中"搭客饭"，将饭食留给真正需要的人。

尹昌龄经营慈惠堂多年，从未领取过报酬，但一切事务都由他操劳策划，一丝不苟。他常常告诫身边的工作人员："慈善机构的钱来之不易，是济贫救命的，若有亏空，天理不容。"和自己的安危比起来，尹昌龄更重视慈惠堂的财产安全。抗战时期，成都挖了许多防空洞，尹昌龄早已将生死置之度外，但他还是在自己的住所挖了一个地下室，但不是为了让人防空，而是为了存放慈惠堂的动产、不动产、经营账册和田地房屋契据凭证。

◇ 尹老身殁，其德永存

古稀之年的尹昌龄卧病在床，弥留之际，他嘱咐老伴："我死后，慈惠堂财产账目切勿轻为启动，待举出公正者任事之时，始办移交。"1942 年 11 月 29 日，尹昌龄在成都九眼桥寓所病逝，他早年存下的微薄俸禄已经全部投入了慈惠堂，家中连办丧事的钱都没有，只能由慈惠堂的孤寡老人为他主办。

社会各界听说后，为尹昌龄举办了隆重的葬礼，吊唁者上至达官贵人，下至走卒乞丐，络绎不绝。成都十二桥殉难烈士王干青，生前曾与尹昌龄在慈惠堂共事，听闻尹老去世的消息，唏嘘不已，写下一首《吊尹仲老》，述说其一生的廉直：

家无半亩居，人得广厦庇。

余身二十年，存活亿万计。

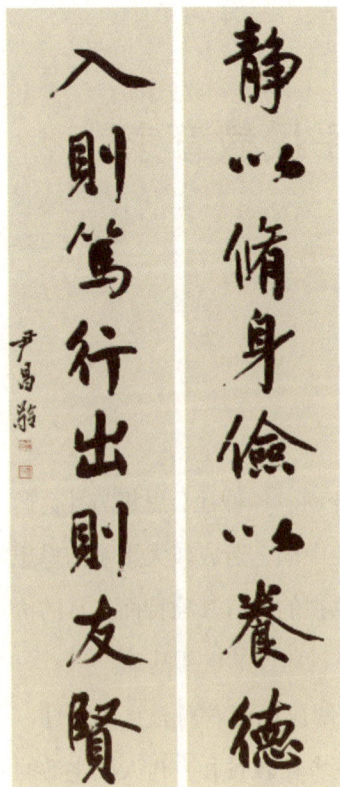

静以修身 俭以养德

入则笃行 出则友贤

尹昌龄

尹昌龄书写的对联

在外地做官 30 多年回川时，尹昌龄没有一处房产；在慈惠堂理事 20 年后，他依旧没有半亩田地。难怪当时的报纸对其称颂有加："巨万资财，尽涓滴施之于孤贫老弱，自身竟不获一地板之酹报。"身怀悲悯恻隐之心，行济世救人之善举。凭借不取任何报酬、不占任何便宜的高洁品行，"救济不如自救"的扶贫理念，尹昌龄堪称那个乱世中的"扶贫楷模"。尹昌龄的高风亮节以及他的言行风范，直到今天仍然为社会所尊崇，他的人格精神始终激励着双流子孙从中汲取智慧营养和品德力量，以史为鉴、开创未来，踔厉奋发、笃定前行。

傅葆琛:
改善家乡教育状况的平民教育家

近代以来，中国进入了一个剧烈变动、各种社会思想与社会运动竞相迭起的时期。在众多有志于改变中国、造成较大影响的思想与行动中，"乡村建设"无疑是不可忽视的，有其独特而丰富的价值内涵与时代特征。而乡村教育正是乡村建设的重要基础。

20世纪二三十年代，平民教育家傅葆琛抱着对教育的信仰，怀着对广大乡村人民的同情，带着改变乡村教育和乡村人民生活的期望，投身到中国乡村平民教育事业当中。他兢兢业业，深入上千个村庄进行调查研究，脚踏实地地了解中国乡村和农民生产生活的实际情况，体会到在中国乡村办教育的艰难，同时也积累了丰富的开展乡村教育的经验。他留下的丰厚的思想学术遗产，对我国当今的新农村建设依然具有重要的借鉴意义。

◇ 留学归来领导平民教育实践

傅葆琛先生于清光绪十九年（1893年）出生于成都双流县华阳镇永安乡傅家坝（今成都市双流区永安镇）。1916年，傅葆琛于北平清华大学毕业后，作为清华预备留美学生，先后前往美国俄勒冈州俄勒冈农科大学森林学院、康涅狄格州耶鲁大学森林研究院、纽约州康奈尔大学农学研究院学习，获得了森林学硕士、乡村教育学博士学位。

1924年，傅葆琛先生回到祖国，先后在清华大学、北平师范大学、北平燕京大学、北平辅仁大学、山东齐鲁大学等学校任教。同时，傅葆琛和晏阳初两位平民教育家携手，在河北定县领导平民教育实践，推行"乡村教育"和"乡村建设"。在北平的"农村建设试验区"，傅葆琛组织为农村合作人员进行培训，他搜集了农耕园艺方面的书报以及多种乡村应用文件，从其中选取1500个字编成《农民千字课》。

抗日战争爆发后，傅葆琛回到家乡成都，在四川大学执教，又在华西协和大学开设了"乡村教育""乡村建设"课程，担任乡村建设系主任、文学院院长的职务。1939年，成都地区多次遭到日军的轰炸，傅葆琛带着一家老小迁回永安乡傅家坝居住。在家乡生活的日子里，傅葆琛萌发了办学的念头。

◇ 通过办学改善家乡教育状况

傅家坝的文化教育事业较为落后，眼看着家乡的后辈因为家庭贫困而失去受教育的机会，傅葆琛决心改变这一局面，在傅家坝兴办教育。经过与地方人士的商讨，当年冬天傅葆琛先在家乡办起了乐育小学，担任校长，并亲自参加教学。随后，他又附设了乐育幼稚园。在两年后的1941年，乐育中学也成功创办，到中华人民共和国成立前夕，乐育中学一共招收了初中及高中共22个班，男女学生共789人。

傅葆琛先生的次子傅启民曾这样回忆父亲："我的父亲是个平民教育家，当然我的心目当中，他也是一个为人民服务的、一个很接近群众的教育家，而且他一辈子就从事这个平民教育事业。"傅启民从小就跟在父亲身边，一直将他的努力看在眼里。为了实施乡村民众教育，傅葆琛在成都和傅家坝两头跑，在保证完成大学的教学任务的同时，他每个月至少回一趟傅家坝，监督并指导乐育小学和乐育中学的教学。

在那个交通不便的年代，成都到傅家坝的交通很不方便，来回都没有汽车，傅葆琛在多数情况下都是走路往来，走整整一天，70里路，但他毫无怨言，只为让家乡人民享受到教育的便利。傅葆琛的努力也卓有成效，他深受家乡人民的爱戴，他的办学也得到了乡亲们的肯定。

在傅家坝这样的乡镇办中学很不容易，当时正逢抗战时期，乐育中学积极开展抗日宣传活动，比如唱抗日歌、演抗日剧等，傅启民也参加过抗日剧的演出。乐育中学的抗日剧排演得十分成功，还去了成都演出，因而在抗战期间，乐育中学带动的傅家坝的文化活动在成都闻名。成都的一些中学在下乡时，都会远足到傅家坝参观。

◇ 热衷于社会活动的"平民教育家"

遇到因家庭贫困而念不起书的子弟，傅葆琛常常免费收下这些学生，遇到家庭非常贫穷的，他还会拿出钱资助他们。如此一来，所有傅家坝的后辈都能上得起学了，这样就带动了当地人文化素质的提高。除了关注教育事业外，傅葆琛还积极探索发展其他产业，如发展农业，从国外引进新的鸡品种，引进花卉和果树，这些努力都是傅葆琛全面建设傅家坝的计划中的一环。

1955年，退休后的傅葆琛依然闲不下来，他热衷于社会活动，为各项事业贡献自己的余热。傅葆琛退休后担任成都市西城区政协委员、西城区扫盲学校校长长达五届，在70岁高龄时，他还义务担任成都军区总医院的英语教员，孜孜不倦地贡献力量。1983年年底，傅葆琛先生意外被自行车撞倒，骨折后卧床。1984年，傅葆琛先生因心肺功能衰竭离世，享年91岁。

傅葆琛先生是从双流走出的平民教育家，为了弘扬和传承傅葆琛的家国情怀和教育理念，傅葆琛研究中心于2023年5月正式成立，追忆傅葆琛先生的情怀，传承、发展其教育思想，并在实践中进行创新。除此之外，双流区还建设了葆琛乐育书院、葆琛乡村书画院、永安乡村振兴课堂和多个农业产业合作协会，旨在帮助当地农民学习新技术、新模式、新机制，从而走上致富路。在傅葆琛先生的思想理念的浸润之下，今天也有不少双流教育工作者将全部的热情与精力投身于乡村平民教育事业，立志不仅要做一名治学严谨的学者，而且要做一位注重理论联系实际的实践者，结合中国的国情，为祖国的教育事业添砖加瓦。

"古之欲明德于天下者，先治其国；欲治其国者，先齐其家；欲齐其家者，先修其身；欲修其身者，先正其心。"要治国、平天下，必先修己身，提升个人修为。我们唯有实现心灵的安宁和道德的完善，才可为所热爱的国家贡献一己之力，实现心中宏愿。

　　纵观双流历史长河中涌现的朵朵浪花，无数仁人志士在严格修身律己上率先垂范、身体力行，慎微慎独、知足知止，其风华气度，始终在历史的卷轴上熠熠生辉，历久弥新。

（肆）

正己修身，率先垂范

诸葛亮：

千古第一廉相

说起千古名相诸葛亮，躬耕陇亩，三气周瑜，七擒孟获，五出祁山，借东风、使空城计，鞠躬尽瘁，死而后已，感动无数忠贞之士。史载口传，小说评书，戏曲电影，耳熟能详，童叟皆知，无人不敬。不过说到诸葛亮的故居，知道的人却似乎没有很多。

诸葛亮辅佐刘备入主成都后，励精图治，为治理蜀汉而鞠躬尽瘁，其丰功伟绩深深烙入蜀地人民的心中，关于他的传说和遗迹也遍布巴蜀每个角落。其中，他在成都双流的旧居"葛陌"，至今仍诉说着他克己奉公、节俭清廉的故事。唐代李吉甫在《元和郡县图志》中记载："诸葛亮旧居在双流县东北八里，今谓之'葛陌'。孔明《表》云'薄田十顷，桑八百株'即此地也。"

诸葛亮在乱世之中隐居山野，躬耕田垄，潜心治学，洞悉天下时局；待得明主，斗周瑜，伐曹操，成一代名相。正是因为诸葛亮不慕名利、甘于隐居山野的这份淡泊以及他潜心治学的专注，才使得他能够辅佐刘备实现治国、平天下的夙愿。而葛陌，作为记录诸

新繁縣次畿 東南至府六十里本漢繁縣地屬蜀郡因繁江以爲名也周
改爲新繁隋開皇三年省武德三年分廣都縣地重置因周舊
名也

郫江一名成都江經縣西去縣十一里

雙流縣府次畿四十里 北至 本漢廣都縣也隋仁壽元年避煬帝諱改
爲雙流因以縣在二江之閒仍取蜀都賦云帶二江之雙流爲
名也皇朝因之龍朔三年又別立廣都縣

宜城山在縣南十二里出紫草

諸葛亮舊居在縣東北八里今謂之葛陌孔明表云薄田十頃
桑八百株卽此地也

新都縣次畿府四十八里 南至 本漢舊縣也屬廣漢郡隋開皇十八年改
爲興樂縣武德二年分成都縣地重置

麗元山在縣北八里

新婦峴在縣北七里

諸葛亮八陣在縣北十九里

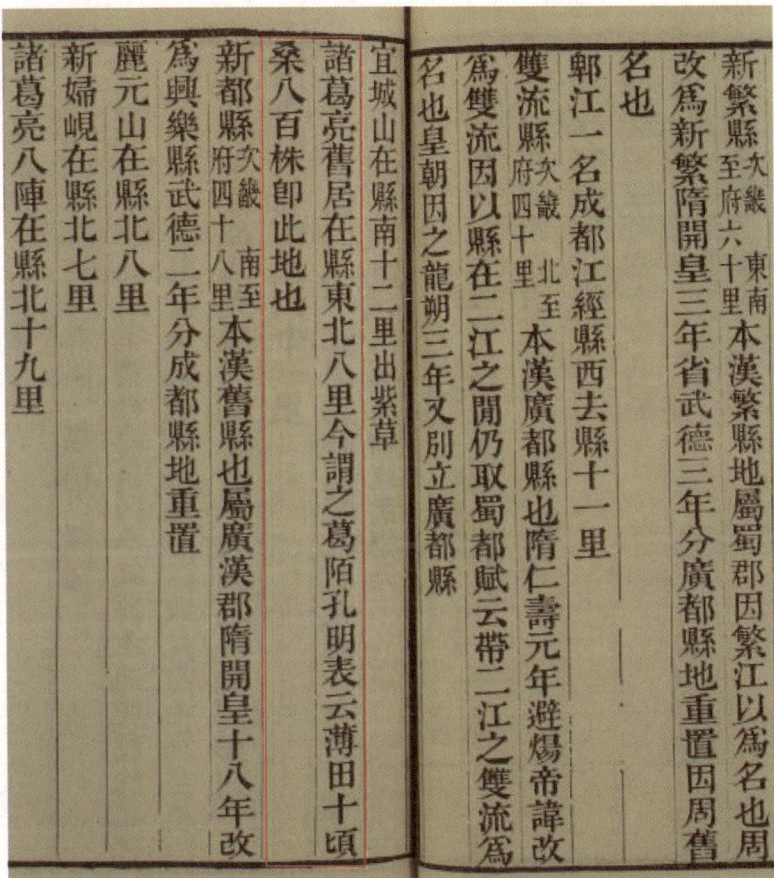

《元和郡县志》书影 "葛陌"

葛亮节俭清廉一生的文化遗存，不仅是诸葛亮留给后世的文化瑰宝，更成为中国廉政文化中不可或缺的一部分。

◇ 澹泊致学，志存高远

诸葛家族累世家学，尽管诸葛亮生不逢时，但家学的传承从未间断，他自小博学儒家经典及诸子学说，从先辈那里继承了刚正不阿、疾恶如仇的骨气，17岁到27岁10年的躬耕隐居生活中，尽管衣食窘迫，但从未停止对经史的学习钻研，也没有放弃济世的志向。

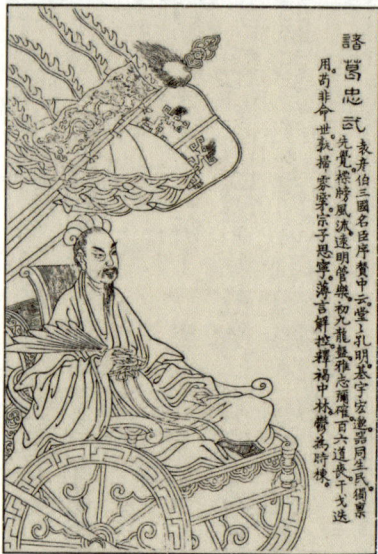

诸葛亮画像

现代影视作品《三国演义》在诸葛亮逝世时虚构了一个富含感染力的情节——诸葛亮临终大呼："庞德公救我！"庞德公何许人也？

原来，庞德公是诸葛亮一位重要的老师。

结草庐躬耕隆中期间，除了勤奋学习、博览群书，诸葛亮还积极寻师求友。他拜识了德高望重的名士庞德公，每次登门求教都谦恭有礼，庞德公也对他格外器重、有求必教，还把诸葛亮和自己的侄子庞统分别誉为"卧龙""凤雏"，又为儿子庞山民聘娶诸葛亮的姐姐为妻室，结成姻亲。

在此期间，诸葛亮还结识了一同游学的徐元直、石广元、孟公威、崔州平等名士，时常聚会，纵谈古今，结下深厚情谊。但与这些好朋友的小格局志向相比较，此时的诸葛亮追慕的就已是历史上齐国名相管仲和燕国名将乐毅，追求出将入相、治国安邦，辅佐明君于乱世，建功立业于当下。

在后来与刘备结成"明君贤相"的人生征途中，诸葛亮也从来没有动摇过自己的志向和信仰。"汉室复兴"的梦想，始终在他心中存续。五次北伐，矢志不渝，"出师未捷身先死，长使英雄泪满襟"，他用自己的生命践行着一生的志向。

◇ 静以修身，俭以养德

蜀汉建兴十二年（234年），诸葛亮写成千古名篇《诫子书》。

夫君子之行，静以修身，俭以养德。非淡泊无以明志，非宁静无以致远。夫学须静也，才须学也，非学无以广才，非志无以成学。淫慢则不能励精，险躁则不能治性。年与时驰，意与日去，遂成枯落，多不接世，悲守穷庐，将复何及！

写成《诫子书》不久，同年8月，诸葛亮便病逝于五丈原军中，这封信成为他留给长子诸葛瞻的遗训，其中"静以修身，俭以养德""淡泊明志，宁静致远""学

诸葛亮屯兵牧马山雕像

以广才，志以成学"等修身、治学态度，更是诸葛亮对自己一生为官为人的要求。

诸葛亮谨慎做人，自身行得端正。当南征平叛成功，诸葛亮威望大增之日，李严写信劝其晋爵称王，他义正词严，给予回绝。这才有了"上不生疑心，下不兴流言"的赞誉。并且，他很注意处理好公私关系。他的哥哥诸葛瑾是东吴孙权的大臣，相互来往时，他特别注意"君臣大节"，公务交往从不私下会面。实际上

这也保护了兄弟双方的安全，孙权对诸葛瑾、刘备对诸葛亮，全都放心、深信不疑。

最后一次北伐，诸葛亮再度派遣使者求战，司马懿问使者诸葛亮饮食起居如何，一顿能吃多少米。使者答三四升。司马懿又问营中事务，使者说二十军棍以上的处罚，丞相都要自己阅批。于是，司马懿判断诸葛亮死期不远了。一次，诸葛亮正在核对文书簿册，丞相府主簿杨颙见了，径直入内，开始向他长篇大论地进谏，最后说："现在您治国理政，竟亲自核对文书，整天忙得满头大汗，这不是太劳累了吗？"诸葛亮听完，感谢了其好意，却并没有改变事无巨细亲力亲为的作风。诸葛亮大半生劳心劳力，身体长期超负荷，尤其是生命的最后一年心力交瘁，真正体现了"鞠躬尽瘁，死而后已"。

有个名叫李邈的官员，在诸葛亮生前没有能够找到进谗之机，便趁诸葛亮逝世、朝廷发丧时，向后主刘禅上疏，肆意诋毁诸葛亮，结果反而被刘禅处死。一些被诸葛亮处分过的官员，比如李严等人，不仅不怨恨，反而深切怀念这位秉公执法、廉洁自守的贤相。

更为重要的是，诸葛亮主动带头，率先垂范，给后主上表申报家产，开启了古代官员申报财产的先例，成为中国古代官员有史以来"财产公示的第一人"。

臣初奉先帝，资仰于官，不自治生。今成都有桑八百株，薄田十五顷，子弟衣食，自有余饶。至于臣在外任，无别调度，随身衣食，悉仰于官，不别治生，以长尺寸。臣死之日，不使内有余帛，外有赢财，以负陛下也。

这篇表书载于《三国志·诸葛亮传》，表中提到的"成都"一地即指诸葛亮当时位于广都县（今双流）的私居，即后人所称的"葛陌"。"葛陌"得名，是诸葛亮姓氏中的"葛"字，与阡陌桑田合成，后特指诸葛亮在成都双流的旧居。当时成都的豪门望族，往往家有盐井、酒坊、冶炼作坊等产业，再加上兼并大量田地、山林、湖泽，拥有钱财无数。反观诸葛亮的家产和日常生活，内无余帛，外无盈财，连富足都算不上，堪称廉政之表率。

诸葛亮还曾在《与李严书》中说："吾受赐八十万斛，今蓄财无余，妾无副服。"在诸葛亮病逝之后，清理其家庭物件，确实如其所说。

◇ 正己教人，美名远扬

诸葛亮曾说："上之所为，人之所瞻也。夫释己教人，是谓逆政，正己教人，是谓顺政。故人君先正其身，然后乃行其令。身不正则令不从，令不从则生变乱。故为君之道，以教令为先，诛罚为后，不教而战，是谓弃之。"还说："先理身，后理人。""理上则下正，理身则人敬，此乃治国之道也。"这些精辟之语，强调的是身教重于言教。诸葛亮正是如此去践行的。

为官清廉，清心寡欲，是诸葛亮正己教人的本色所在。他十分敬佩春秋时代孙叔敖的那份简朴廉洁之风，率先垂范之外，要求下属也务必廉洁自守，努力改变东汉以来官吏贪图享乐的浮华奢靡之风，这对蜀汉官场产生了深远的影响，邓芝、姜维、费祎等高官，皆有"不治私产，家不积财"的美誉。

对家族子侄，诸葛亮教育有方、管教有效、培育有成。在诸葛亮家训思想的影响之下，他的子孙个个德才兼备、忠君爱国。其长子诸葛瞻及其长孙诸葛尚均战死沙场，为国捐躯；其次孙诸葛京官

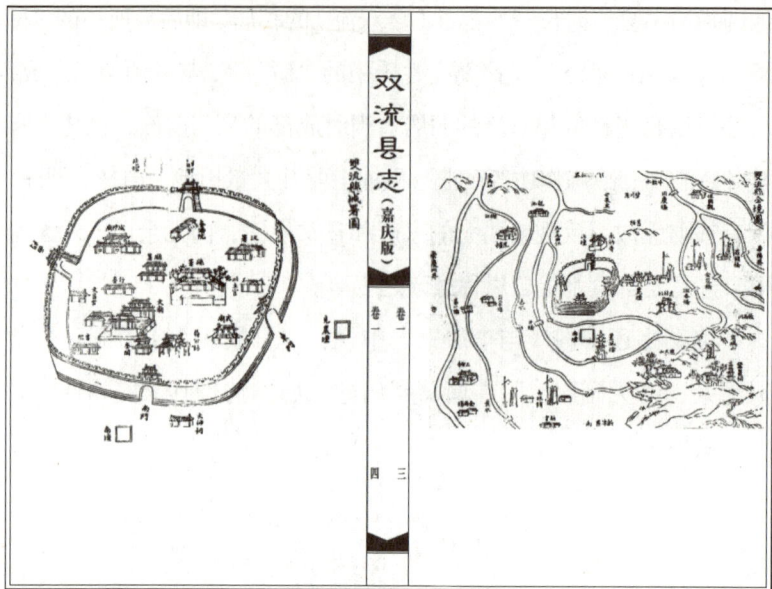

葛陌位置图（图据嘉庆版《双流县志》）

至江州刺史，为官受到称誉。一门忠烈美名扬，让人不得不感叹贤相诸葛亮的教诲之功。

如今，透过葛陌社区诸葛故里的窗扇，能见大院幽静典雅，就像穿越千年的绚丽画卷。一缕清风拂过，仿佛 1000 多年前的诸葛孔明，正跨越时间的长河在向人们述说着自己的一生。清风一缕拂万物，花香飘入众心中。长期以来，葛陌社区始终以诸葛文化传承为着力点，不断探寻诸葛足迹、挖掘文化内涵、再现三国场景、讲好葛陌故事，以文润人、以文促治，不断扩大诸葛文化影响力，弘扬优秀家风美德，让诸葛孔明的正己修身精神浸润新时代双流人。

蒋琬:
以忠心雅量稳定蜀汉局势

~~~

蜀汉建兴十二年（234年）八月，诸葛亮的病情恶化了，他躺在病榻上，看着蜀主刘禅派来问候的尚书仆射李福，开始交代后事。"丞相，您百年之后，有谁可以担负国家的重任呢？"李福一边道歉，一边问出了这个问题。诸葛亮没有责怪李福，他也知道自己命不久矣，便回答道："蒋琬最合适。"十月，诸葛亮在五丈原军中病逝，按照他的遗愿，蒋琬被任命为尚书令。

不负诸葛亮的厚望，蒋琬最终在东汉末年乱世中帮助刘禅稳定了蜀国局势，为蜀国的繁荣与发展立下了不朽的功勋。他的优秀品质、超凡智慧和深谋远虑，使他成为一个真正的能人，为蜀国增添了光彩，也为后人树立了榜样。

◇ 实民为本广都长

东汉末年，在零陵湘乡（今湖南省湘乡市）的涓水河畔，一对

蒋琬塑像

年过半百的蒋姓夫妇安居在伊家湾。要说他们唯一的人生遗憾，就是一直没有孩子。一天晚上，蒋妻做梦梦到有一颗明亮的星星，它笔直地坠落下来，落到床头，又扑进了自己的怀中。在民间有一种说法——"星子兴子"，认为星星是得子的吉兆。没过多久，蒋妻果然怀孕了，夫妇二人欣喜万分，他们的人生愿望终于实现了。

9个月后的一个清晨，迎着初升的旭日，蒋妻诞下的男婴迸发出了第一声啼哭。孩子刚落地，就从蒋家屋中的后厅射出了一道祥光，直冲天空。那一刻，屋顶瓦片翻飞，山中鸟儿起舞，水塘鱼儿跳跃，周围牛马嘶鸣。蒋父看到这些祥瑞之兆，又想起妻子怀孕时做梦的吉兆，就给儿子取名为"琬"——象征吉兆的美玉。

蒋琬少年时聪慧好学，气宇轩昂，20岁左右就以才学而闻名。东汉建安十三年（208年），蒋琬以荆州书佐的身份随刘备进入蜀地，被任命为广都县县长。县长这个职位只能管辖人口不足一万户的小县，蒋琬颇有怀才不遇的感觉，所以常常借酒消愁，喝得烂醉，荒废了政事。

一次，刘备到广都县巡视，看到烂醉的蒋琬，勃然大怒，要将他处斩。身边的诸葛亮了解蒋琬的才华，替他求情："蒋琬不是治理方圆之地的人才，而是治理社稷的人才，他为政以安民为根本，从不粉饰太平，请主公明察。"诸葛亮的话向来有分量，于是刘备免了蒋琬死罪，将他罢官。

◇ 忠心雅量稳时局

后来，蒋琬又因自身的才干被任命为什邡县县令，东汉建安二十四年（219年），升为尚书郎。蜀汉建兴元年（223年），后主刘禅即位，诸葛丞相开府治事，任命蒋琬为东曹掾，举为茂才。蒋琬后来又被迁为丞相参军，在诸葛亮驻扎汉中谋取曹魏之时，蒋琬与长史张裔留守蜀汉，统理国家事务。

蜀汉建兴八年（230年），蒋琬接替张裔成为丞相长史，兼任抚军将军。每当诸葛亮带军征战，蒋琬都会在后方负责筹集粮食、运送物资、补充兵源，并且每次都能做得很好。诸葛亮常说："蒋琬忠心耿耿、宽和雅量，应当和我一起光复汉室。"诸葛亮曾经还密表后主刘禅说："如果老臣遭遇了意外，可以将军国之事托付给蒋琬。"可见丞相对蒋琬的重视。

诸葛亮于蜀汉建兴十二年（234年）逝世后，为了不辜负丞相对自己的信任，蒋琬强忍悲痛，以镇定自若的态度处理各项事务，既安定了人心，也稳定了蜀汉的局势。他为官清廉，处事果断，为人宽容大度，不以表面现象度量他人，也不以好恶处理问题。东曹掾杨戏性格内向，不爱说话，和蒋琬交谈时，常常不回答。有人想要构陷杨戏，就对蒋琬说："您和杨戏说话，他却不回答，这是目中无人，对上司怠慢轻视。"蒋琬却说："人的想法是不同的，就像人们长着不一样的面孔。当面顺承、背后反对才是不能犯的错，杨戏不愿违背本心赞赏我，也不愿反对我让我难堪，所以默然。"

还有一次，督农杨敏说蒋琬的坏话："他做事糊涂，实在比不

肆 正己修身，率先垂范

上前人。"有人将这些话告诉了蒋琬，认为可以治杨敏的罪。蒋琬听完，对他说："我确实不如前人，杨敏说得对。"后来，杨敏因罪入狱，大家都觉得他必死无疑，但蒋琬依法处理，并没有因为杨敏说过自己的坏话而报复，所以杨敏并没有被治重罪。

◇ 壮志未酬蒋恭侯

蒋琬继任蜀汉丞相后，刘禅命他进驻汉中，伺机与孙吴联合，夹击魏国。在6年的时间里，虽然在蒋琬的领导下，魏国不敢进犯，但蜀军的收效一直不大。蒋琬认为，诸葛丞相生前数次出兵秦川，"道险运艰，竟不能克"，不如改变方法，"乘水东下"，于是命令多制作舟船，沿汉水、沔水东下，袭击魏国的魏兴和上庸。但蒋琬旧疾复发，未能成行。

当时，朝中的多数官员都觉得从水路出兵不是上策，虽然出兵容易，但万一失败则不易返回，朝廷派尚书令费祎、中监军姜维到汉中劝说蒋琬。蒋琬承命上书："曹魏如今'跨带九州，根蒂滋蔓'，并不易除去。如果我们和孙吴东西合力，成掎角之势，就算不能迅速将曹魏攻下，也能慢慢将其蚕食。凉州是'胡塞之要，进退有资'，可以让'姜维为凉州刺史'，我率领军队'为维镇继'。如今涪县'水陆四通'，如果东北方有变化，也不难应付。"

于是蒋琬进驻涪县，但病情也加重了。蜀汉延熙七年（244年），蒋琬因病情加重，不得不将益州刺史的职位让给费祎。蜀汉延熙九年（246年），蒋琬带着未酬的壮志，病重辞世，获后主赐谥号"恭"。蒋琬曾在双流任职，所以在双流旧时的城隍庙中，蒋琬夫妇的牌位一直被供奉着。20世纪80年代，双流县在棠湖公园内修建了蒋琬祠，"蒋琬饮酒"的雕像于90年代末落成，供人们凭吊。

蒋琬是蜀汉政权后期的中流砥柱，为蜀汉政权的发展做出了巨大贡献。他身为封建王朝的官吏，却能够做到不泄私愤，不计私仇，不排斥异己，宽以待人，正派为官，时时处处展现了自己的人格魅力和领导风范，其气度与雅量堪称为官者楷模，至今仍值得从政者学习和借鉴。

范镇：
淡泊而敢谏的北宋名臣

公元 1038 年，刚刚考上进士的司马光，目睹了一场科举考场的喧嚣。在喧嚣中，一个考生，用"沉默"终结了当时殿试的特权和歪风，赢得了司马光的敬重。这个"沉默的人"，就是来自四川华阳（今成都双流）的文史大家范镇。

范镇不仅因为"沉默"结交到司马光这个超级铁哥儿们，而且还凭借低调获得苏轼的盛赞："其道德风流，足以师表当世；其议论可否，足以荣辱天下。"

◇ 初入朝堂，安之若素

早在 18 岁那年，范镇就在成都偶遇在此任蜀守的北宋名臣薛奎。薛奎在言谈之间，赏识其才，惊谓："此乃庙堂之人也！"遂聘其至官舍为家中子弟讲学授课。但范镇并没有因此而觉得自己很了不起。每当他经过薛奎的门前时，总是一阵小跑，以表示对薛奎的尊敬。他每天出门的时候，都坚持自己一个人步行，既不需要坐轿，也不需要府里的人接送。就这样一年多后，薛奎府的守门人甚至不知道他是太守的座上宾。但这些都被薛奎看在眼里，后来薛奎还朝，也带范镇入京，欣然向人夸示他在蜀中"得一伟人"，并预言范镇"将以文学名世"。

慧眼识珠的伯乐薛奎画像

有了薛奎这个免费广告商，范镇一炮而响，不管是赋诗还是论文，一经写成，迅即蜚声京华，被评为像司马相如、陈子昂那样的蜀中奇才。

景祐五年（1038 年）三月十七日，宋仁宗端坐在龙椅之上，两边站满恭敬的文武大臣。这名以仁爱著称的君王看着龙椅下方挤满的进士，微笑颔首。所有人都翘首以待，等殿试结束后隆重的唱名仪式。很快，唱名开始了："一唱，状元吕溱；二唱，榜眼李绚；三唱，探花徐良佐……"结果一出，所有人都将诧异的目光投向了排名第七十九的范镇。

原来，在北宋科举考试中，殿试其实相当于走个过场，参加就可中进士，成绩基本与会试一致，只会稍作调整，往往风平浪静，皆大欢喜。然而，这次很反常，因为范镇在会试中排名第一。

无数寒门学子，十年寒窗苦读，为的就是金榜题名、光宗耀祖。这边，士子们议论纷纷。那边，殿内的文臣武将也都捏了把汗，唯恐范镇搞出什么幺蛾子。因为按以往惯例，会试第一名没进前三者，可以站出来申诉祈恩，要求提自己的名次，《四库全书·南阳集》

中就有记载："前此殿廷唱第过三人。则礼部第一者必抗声祈恩，必擢上第。"一般皇帝都会酌情考虑，吴育、欧阳修都曾为自己抗声自陈，因而名次得升一甲。

然而，范镇并没有这样做，他安安静静地站在队列里不发一言，直到唱到第七十九名听到了自己的名字后，他才平静地出列谢恩，退而归列，步履坚定，面色坦然……

范镇成为宋朝历史上第一个会试第一、殿试却名列二甲的倒霉蛋，不过，这一刻，朝廷上下都记住了这位淡泊名利的新科进士。自此之后，人们以自陈为耻，旧风气就此断绝。

◇ 步入谏院，直言无隐

范镇新科进士，却被授了一个新安主薄的九品基层官职，后被推荐到国子监任东监直讲，再后来又应招学士院考试，被录用为馆阁校理。在做馆阁校理时，上司故意刁难范镇，认为他的诗文失之韵律，将他降为校勘，周围人都看不过去了，为他鸣不平，他却处之泰然，兢兢业业地在自己岗位上干了四年。随后，在宰相庞籍的推荐下，范镇升直秘阁、开封府推官等职，之后又被提拔为起居舍人、知谏院，成为一个顶级言官。由此，范镇才凭借自身的能力，一步步走进了朝廷中枢。

在知谏院的三年里，范镇所上奏疏必言之有物、针砭时弊，深切当时的现实。从民生困苦、水旱灾害，到温成园陵、陈执中杀婢，不断地上书，无不证明了苏轼给范镇写的墓志铭中那句"及临大

苏东坡

苏轼画像

节、决大义，色和而语壮，常欲继之以死，虽在万乘前，无所屈"。

尤为突出的是，宋朝冗官、冗兵、冗费问题严重，根深蒂固，言官们大多粉饰太平，不敢去碰，范镇却直言不讳："臣恐异日之忧不在四夷，而在冗兵与穷民也！"他上疏反对叠床架屋的官僚机构和质量羸劣的庞大军队，提出兵、民、财三个系统应通气协调，不要互不相知、各行其是，特别要赏民、养民以增强国力，这样方能有效抵御外侮。

◇ 乞立国本，以死争之

至和三年（1056年）正月初一，46岁的宋仁宗突然中风昏迷，群臣惊虑，惶惶不可终日。此时，宋仁宗已在位30余年，但仍没有诞下子嗣。大宋群臣希望仁宗能收养一个宗室子弟，立为接班人，以安人心。而宋仁宗总希望自己能有一个亲生儿子来消受这万里河山，故不愿过继太子，立储一事就这样僵持着。朝堂内外大小官员甚是惶恐，但谁都不想在这个时候触赵家的忌讳，一向为人低调的范镇此时却率先站了出来。

五月，范镇在没有和任何人商量的情况下，直接上书宋仁宗："昔太祖舍其子而立太宗，天下之大公也；真宗以周王薨，养宗子于宫中，天下之大虑也。愿陛下以太祖之心行真宗故事，拔近族之尤贤者，优其礼秩，置之左右，与图天下事，以系亿兆人心。"简言之：您不就是想传给自己的儿子吗，那您也得有啊，没有的话请您为天下考虑！

奏折一上，宋仁宗差点没气晕过去。宰相文彦博、富弼，更是火冒三丈：立接班人这样的大事，你为什么不请示我们？范镇不慌不忙回道：我要是先请示，你说不同意，这事就不干了吗？

"镇自分必死，乃敢言；若谋之执政，或以为不可，岂得中辍乎？"这就是范镇，为了天下大业，连命也可以不要。然后，范镇跟疯了一样，借各种机会先后 19 次进言。他的奏疏，在宋仁宗和宰执间来回传递，一会儿交上去了，一会儿发下来了，就是没有一个人来搭理他。

为了劝谏仁宗，范镇还阖门待罪。等到宋仁宗看到范镇的忠心和固执，决定召见范镇时，他已待罪 3 个月，因忧虑过甚，头发、胡须全白了。消息传出，天下为之动容。范镇的生死之交司马光为之钦佩不已，写信鼓励范镇："愿公以死争之。"紧随其后，也上书立储。最终，在范镇、司马光等人的不懈努力下，宋仁宗被迫答应立濮王赵允让十三子赵宗实（后改名赵曙）为养子，始定赵曙继嗣。

◇ 外放陈州，贷粮救灾

嘉祐八年（1063 年）三月二十九日，宋仁宗驾崩，宋英宗继位后不久，就掀起了一场"濮议"风波。英宗皇帝的生父是濮安懿王赵允让，但根据礼制，英宗的父亲是把他立为皇子的仁宗皇帝。登上皇位后，英宗想要追尊生父，以"皇考"来称呼他，从而引起了朝堂长达一年的争论。宋英宗只得暂停讨论此事，下诏让主管礼仪的太常院去博求典故，寻找合乎经义的理论支持。

当时负责礼仪方面事务的机构是太常寺，由翰林学士范镇出任长官。范镇一向恪守礼制、坚持维护礼法，所以提出"凡称帝、称皇、皇考、立庙，都不合乎仪制典礼"。虽然这次风波最终在似为中书宰执假托太后"尊濮安懿王为濮安懿皇，皇帝称呼生父为'亲'"的懿旨中落幕，但风波平息以后，作为皇伯派的"干将"，范镇被外放，出知陈州（今河南省淮阳县）。

范镇画像（杨允澄绘）

　　到了陈州后，正遇上当地闹饥荒，饿殍遍野，范镇心急如焚，他怕上奏朝廷会耽误时间，决定私自拨款放粮。范镇上任三天，便下令贷钱三万余贯、贷粮三万余石救济灾民，避免了因等待朝廷批复导致灾民饿死的情况。但范镇此举毕竟没有经过朝廷的批准，以致监司追查，范镇知道自己违反了规定，上书自劾，请求辞官，不过宋英宗饶恕了他。可喜的是，陈州后来获得了大丰收，百姓将之前所借贷的钱粮全部偿还，百姓们都很感谢范镇的恩德。

　　值得注意的是，"蜀郡公"范镇还与欧阳修、宋祁共修史学著作《新唐书》，并且参与修编了史学著作《仁宗实录》《玉牒》《宋

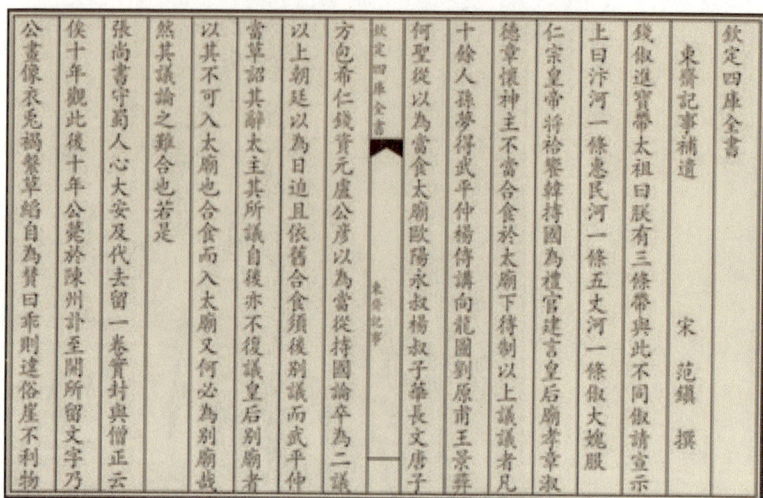

数徙进宝带太祖日朕有三条带与此不同徙请宣示
上曰汴河一条惠民河一条五丈河一条徙大蚀服
仁宗皇帝将裕繁韩持国为礼官建言皇后庙孝章叔
德章慎神主不当合食於太庙下待制以上议者见
十余人孙梦得武平仲杨侍讲向龙图刘原甫王景彝
何圣贶以为当食太庙欧阳永叔杨叔子华长文唐子
方包希仁钱元虑公彦以为当从持国论卒而武平仲
以上朝廷以为日迫且依旧合食须後别议而武平仲
当草诏言其辞太主其所议自後亦不复议皇后庙者
以其不可入太庙也合食而入太庙又何必为别庙歟
然其议论之难合也若是
张尚书守蜀人心大安及代去留一卷贴村与僧正云
俟十年观此後十年公薨於陈州讣至开所留文字乃
公画像衣冠褐紫草纸自为赞曰乖则违俗崖不利物

钦定四库全书
东斋记事补遗
宋　范镇　撰

范镇撰《东斋记事》十卷

史本传》《四库总目》等，著有《《范蜀公集》《谏垣集》《国朝韵对》《国朝事始》《刀笔》等诗文集，其中影响最大、流传最广的为笔记杂录集《东斋记事》。《东斋记事》里有许多对巴蜀名物、风情、人物的记录，为了解1000年前蜀地的风土人情打开了一扇窗。范镇在《东斋记事》中，用大量的篇幅，为我们呈现了一个文明悠远、学风敦厚、名胜众多、物产丰富的大美四川，还记录了不少四川的奇花瑞草、珍禽异兽，包括剑门枯柏、嘉陵江畔猴群、嘉陵江上雕、卓筒井、邛竹等，颇有生态学、博物学意义。

范镇以"勇决"和"忠义"闻名于世，一生虽居高位，却不改初心，不计个人得失，不畏权势，一心为民，受到时人的尊敬、乡人的喜爱。其独立不倚的政治立场、以天下苍生为念的负责态度和淡泊名利的政治风范，为当时和今天的人们树立了典范。至今，其文化光辉依然指引着双流人民向上向善，以奋进之姿书写高质量发展新华章。

乔树楠：
拥有凛冽气节的清末高官

1917 年狂风大作的一天，北京法源寺的上空似乎也被阴霾笼罩着，就在这一天，清朝灭亡后便长期寓居法源寺的晚清官员乔树楠与世长辞。出乎所有人意料的是，这位在清末历任刑部主事、监察御史等职的高级官员，却贫苦得甚至无敛办之资，相识者只能为其穿上寺中的僧服入殓，让闻者无不涕泪交零。乔树楠在京的多位故人集资，才筹齐了护送其灵柩回到老家四川双流的资费。次年，乔树楠之孙乔大壮将其遗骨护送回川，归葬双流擦耳岩潘家沟祖茔，乔树楠终得落叶归根。

◇ 戊戌义举彰显慨然大气

19 世纪末，在列强侵略之下，中国被一块块分割为列强的"势力范围"。以康有为、梁启超为代表的维新派人物积极寻找救国救民的道路，并在 1898 年发动了一场颇具声势的维新变法运动。然而，维新变法最终触动了以慈禧为首的顽固保守势力的利益，谭嗣同、刘光第、杨锐等人相继被捕。当时，乔树楠在刑部任司官，专职管理刑部监狱中的在押要犯。他对被捕的维新派人物极为同情，尽可能地予以照顾，还积极为他们通风报信。

但是，乔树楠的悉心照顾并未能改变这些仁人志士的命运。1898 年八月十三日，北京宣武门外菜市口一片肃杀，在晦暗的天色下，戊戌六君子慷慨就义。自六君子被捕以来，许多从前与他们交往甚密的官员噤若寒蝉，包括不少亲朋故旧也深恐株连而不敢出门。此时，虽身为刑部监狱的高级官员，但乔树楠和另外一位川籍官员李征庸不畏罪愆，前去法场收尸。他们来到菜市口，为六君子的遇难放声大哭，将四川同乡刘光第、杨锐遗体收殓，并出资送其家属扶枢返乡，他们的义举受到世人称赞，同为刑部主事的唐烜曾在纪事诗中记载此事，他写道："幸赖乔公贤，为收无家骨。"

戊戌六君子中的谭嗣同被捕入狱后，曾用桴炭在狱壁上题写了一首绝笔诗："望门投止思张俭，忍死须臾待杜根。我自横刀向天笑，去留肝胆两昆仑。"这首诗在当时就传诵一时，今天的我们依然能从这首诗中读到谭嗣同为救亡图存甘愿用自己的鲜血以醒国人的慨然大气。而这首题写在狱壁之上的诗得以流传下来，靠的正是刑部司官乔树楠的手抄笔录。

◇ 逐徐出狱请命宽宥

戊戌政变之时，当时官至二品的礼部右侍郎徐致靖为维新派领袖，在变法中保荐过康有为、梁启超、谭嗣同、张元济等维新人士，戊戌六君子被戮，徐致靖也被判处斩监候，即死缓。

1900 年庚子事变，八国联军打入北京，慈禧、光绪西逃，洋兵在城里烧杀抢掠，无恶不作，清朝统治机构瘫痪，监狱自然也不例外。刑部大牢里的犯人都跑光了，乔树楠是徐致靖的年侄，平时很照应他，也亲自来劝徐致靖出狱。可是作为清朝忠臣的徐致靖觉得自己仍是大清国的犯官，不能被外国人放了，坚持不肯出狱。

　　几天后，乔树楠才想出另一个办法，以停伙食胁迫徐致靖，说道："从明天起小侄就不来了，而且狱里的伙食明天也停了，我已通知你家人来接你出狱。"这样，徐致靖才无可奈何地被其子从刑部狱中接了出来。出狱后，徐致靖没有跑回老家，依然"待罪京师"，乔树楠又请刑部尚书代奏，请命宽宥。两个月后接到"老佛爷"赦旨，徐致靖才离京到杭州度其余生。

◇　为昭雪平反仗义上疏

　　乔树楠后被调任江南道监察御史，上任 3 个月，就连上 9 道奏疏，陈述时政之得失。在此期间，乔树楠还处理了一件沉积多年的冤案。

　　1866 年十一月，清政府以在黄崖山避兵讲学的张积中"传播布教、聚众谋乱"为借口，指使山东巡抚阎敬铭调动长清、泰安、肥城、平阴、东阿五县官兵清洗了黄崖山寨，杀死在山寨避兵的无辜寨民 2000 余人，张积中及其亲眷弟子 200 余人自焚，这就是轰动全国的"黄崖教案"。

　　1906 年，时隔 40 年，任江南道监察御史的乔树楠了解到这桩冤案，立刻上奏："白发儒生空山讲学，生被诛夷之惨，死蒙叛逆之名，斯诚圣慈之所心恻矣。"他请求清廷重新审理这桩数十年前的疑案，"雪除张积中叛逆之名"。朝廷派山东巡抚杨士骧彻查，杨士骧交给幕僚何圣生办理，何圣生调查后认为此案实属冤案。然

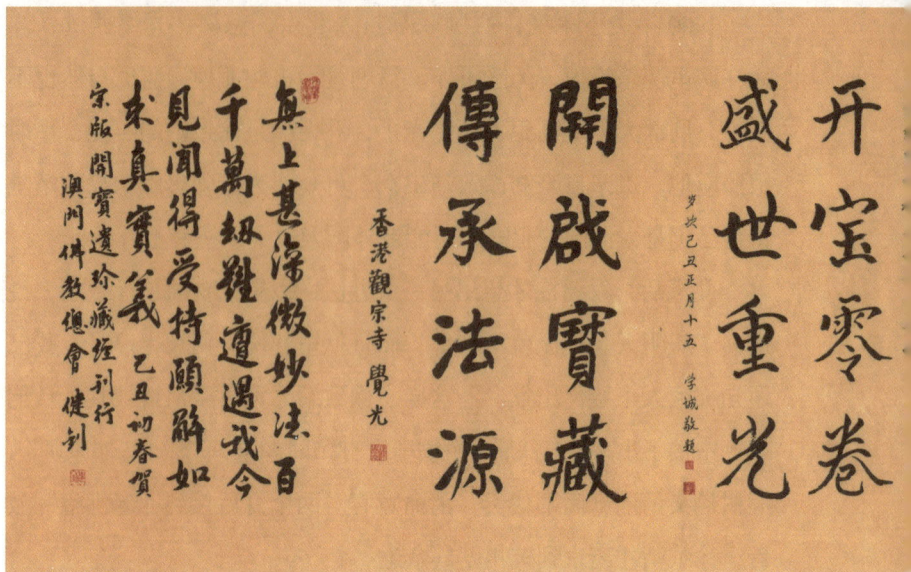

敦煌写经《阿含经》局部

而，杨士骧见兹事体大，牵扯甚广，为免受"非常之谴"，便把已拟好的奏稿搁置。当时的清廷正处于多事之秋，无暇顾及此事，结果不了了之，直到清朝灭亡，"黄崖教案"也未能昭雪。尽管如此，乔树楠仗义上疏为"黄崖惨案"昭雪平反的行为还是得到了人们的肯定。

◇ 保护文物尽显精神风骨

19 世纪末，敦煌莫高窟藏经洞惊现于世，然而由于清政府的腐败无能，未能及时予以保护，西方的文物贩子巧取豪夺，劫掠了无数文物，致使大量国宝流失海外。1909 年，法国人伯希和路过北

開寶遺珍 光明盛世

開寶遺珍 佛藏祖本

用心寶藏

京，将其所获敦煌遗书的一小部分展示给北京的学者。当时著名学者罗振玉恰好在场，他"惊喜欲狂，如在梦寐"，意识到这批文物的重大学术价值，立即将此事呈报学部。时任学部左丞乔树楠听从了罗振玉的劝说，要罗振玉代拟电文，命甘肃都督毛实君查封敦煌石室，将所余遗书悉数解送京师。电报内容如下：

> 行陕甘总督，请饬查检齐千佛洞书籍，解部。并造像古碑，勿令外人购买。
>
> 宣统元年己酉八月二十三日

1910年秋，这批宝藏几经周折，终于运到京师学部，后移藏至今国家图书馆。敦煌遗书至今能有大批保存，时任学部左丞的乔树楠做出了重要贡献。

乔树楠虽生于风雨飘摇的晚清，但少时学业精进、早负文誉；虽身为清政府的官员，但始终是非明辨、刚正不阿、仗义执言；虽在北京居官 30 余年、为川籍京官最为敬仰的人物，在离世之际却贫无棺殓。当今双流的时代新人，虽无需冒着性命之危逆行而上，但仍需继续传承乔树楠身上的凛冽气节，挺拔灵魂脊梁，用担当回应社会期勉，用脚步丈量祖国大地，用耳朵倾听人民呼声，用内心感知时代脉搏，做到国家和人民需要时，敢于挺身而出，用实际行动诠释百年传承的精神风骨。

林思进：
宁舍"肥缺"而选清职终成一代耆儒

1911 年三月初三，上巳节。当时 38 岁的林思进已经盘桓京城 4 年多，他在这里结识了一群志同道合的好友，他们相约成立了当年北京最为著名的诗社——著君吟社，常常于人日、花朝等日子，选定名胜吟咏酬唱，激扬文字，被认为是京师文坛一大盛事，时人比之为明末的"复社清流"。

但是，清末风云激荡、神州鼎沸，有识者已知其势无可为，加之从 1905 年东渡日本考察政教风俗并游学日本宏文学院以来，林思进离开家乡四川华阳已经 6 年了。厌倦了官场和羁旅生活的他思乡之心与日俱长，因此下定决心回到家乡。

在临走前，他邀约诗社同好举行了一次告别的聚会。聚会上，他吟咏道："羁旅厌北尘，延赏眺南河。"此时的他一心只想回到家乡，回到母亲身边。当日赴会的潘若海也洞察了他的心思，写道："林子蓄归思，日夜萦江沱。不知青羊宫，花事今如何。"

这次聚会一个月后，归心似箭的林思进即告假南归，他一生的

（清）王翚《溪口白云图》

好友赵熙作诗送他归蜀："石室青城羡尔家，且循禝事畅京华。洛阳归客肠堪断，无赖春风韦曲花。"告别京城的林思进，不再有漂泊异乡的愁肠，从此绝意仕途，埋头典籍，教书育人。

◇ "辞十万而受一万"

辛亥革命后，清帝逊位，林思进的好友蒲伯英、杨沧白等人相继主理川政，屡次邀他做官，他都婉辞拒绝，坚不肯出。

更有当时主管省内财政工作的蔡东侯，同情林思进贫乏，便打算邀林思进任省城东门财富之区的统捐局局长一职，这是个"肥缺"，较易有"发财"机会。不料，这可激怒了林思进，他愤而说道："我林思进三字岂可拿去贴油篓子耶？"原来，挑油贩浆的商贩进出市场，税捐机关都要令其交纳捐税，完事后都要在商贩装货物的竹篓上贴上"验讫"凭证，凭证上会有主管官员的名字。林思进认为这一"肥缺"是耻辱，故以此坚定表达不受之意。

在督府工作的好友不禁问林思进："究竟想就何职？"林思进慨然答道："闻有图书馆一职，倘尚需人，我愿承乏。"督府便任林思进为四川省图书馆馆长，闻者都笑林思进"辞十万而受一万"，而林思进乐在其中。

当时的四川省图书馆，藏书仅有一部学部颁发的《图书集成》，被学界戏称为"图书集成馆"。林思进就任后，四川省图书馆就开始闭馆，一年多都不开放，林思进因此受到了社会上的冷嘲热讽，成都的报纸上也刊登着嘲笑省图和馆长的文章，但林思进对此毫不在乎。在闭馆期间，林思进精简人员，大加整顿，仅约祝彦和与韩德滋两人，一人主持中文部、一人主持西文部。裁撤烦冗后，节约下来的经费，全部用来购买各类书籍，当时恰逢外省官员离川卖书之际，林思进抓住了这个机会，买下了许多物美价廉的书籍。

同时，林思进多方采购海内官本和私家精刻，自编书目 15 卷，其规模在当时国内尚少，从而为省城公家藏书奠定了基础。第二年开馆后，馆中的藏书琳琅满目，仅古书就有 30 余万册，外文书报更是种类繁多。在任四川省图书馆馆长的 7 年中，林思进还在少城拓地建楼，种松 80 株，号"八十松馆"。

◇ 孜孜不倦投身教育事业

林思进无意仕进，回乡后却始终孜孜不倦地发展成都的教育事业。1918 年，林思进辞图书馆馆长职，就任华阳中学校长。在此期间，除自己讲课外，他对严格招收学生、高薪礼聘教师、规划课程、树立学风，以至扩建校舍、添置图书仪器等诸方面，莫不精心筹划，计日程功，极大改善了学校状况。没过几年，华阳中学便和成都县中、成都联中并列，成为全川中学的典范。在以后的若干年内，毕业学生一直保持着基础扎实、文史优长的特点，这在四川的教育史上，是值得特别一提的。

1919 年，吴玉章来成都主持四川高等师范学堂，林思进应聘为国文系教授。1924 年 8 月，军阀杨森入据成都，强横干预教育，林思进愤而去职以示抗议，学生苦苦挽留，甚至到了罢课请愿的地步，但林思进执意要走，学生们便全体集队鼓吹送他回家。林思进曾有诗记其事："七年横舍愧人师，临去情如倚席时。岂有碑铭传翟酺，尚劳歌吹送翁思。举幡几辈成风气，染国终然类色丝。留取平生相见地，执经来访读书帷。"语重心长，对学生表示了劝勉和期望。

此外，林思进在数十年间，任教成都各高等学校，如四川高等师范学校、成都大学，以及后来的四川大学、华西协合大学等。他胸怀坦荡，推贤乐善，对学生循循善诱、因材施教，经他培养指授、有所成就的学生，不下千百。因此，海内外尊称林思进为老宿。

◇ 精研诗文，蔚然大家

林思进的父亲林毓麟，毕生无心功名，卓然诗人风范，曾著《澹秋集》，当时文人评价其诗有王维、孟浩然风骨。林思进自幼聪敏，自小受父亲启发，并跟从父执前辈乔树楠、严岳莲、王增祺等问学谈诗，多方得受教益。因此，林思进十二三岁时，已能将心中块垒发抒于诗篇，深得当时成都著名文人廖季平、严岳莲等赞赏。龙藏寺僧雪堂所著《绿天兰若集》，就收有林思进少时之作。

从庭训之教，得高人指点，幼小的林思进徜徉于儒家文化的渊深洪波之中，这为他的一生定下了基调。

林思进论学，主于闳通，无取门户之见，有诗云："自吾操瓠来，雅不门户喜。是是与非非，丹素各有美。"林思进还不赞成追逐时好、入主出奴、是丹非素，如他论桐城派的姚鼐说："阅惜抱集，其文至有工者，惟必以程朱为门面，以与汉学家相支柱，此其褊心、令人生厌处。夫以惜抱之文，与当时汉学家比论，自各有专精，无容相掩者也；必谓汉学为非学问，孰能信之乎……清儒考订，实跨越前代，乃思一笔抹杀，谈何容易也。假令惜抱能去此门面，则卓然矣！"这是其为学实事求是态度的体现。

1932年，华阳县议修县志，时任县长叶大锵、《华阳县志》总理曾鑑等邀请林思进纂《华阳县志》，仅3个月他便主编完成《华阳人物志》16卷，又撰《华阳县志叙录》及各目序25篇，其史书笔法被认为有班固、范晔之风。

林思进本人平生尤致力于诗古文辞，自订《清寂文录》8卷，其中诗作凡数千首。江西义宁陈三立读到他的诗，曾经向人说："才思格律，入古甚深。五古几欲追二谢，七言直攀高岑，洵杰出之作者。目前所知蜀中诗，似与香宋异曲同工也。"香宋，是赵熙的别号。近代凡提到四川的诗家时，总是以林思进、赵熙并称。二人交谊最深，始终无间，作诗虽取径不同，但都能自树一帜，不为同光诗风所囿。兴化李详有《以山腴舍人诗集寄如皋宗敬之》诗，说："海曲能文宗敬之，寄君数卷舍人诗。蜀中耆旧今仍在，吴会英才那得知。南郭日寻考功墓，西郊遥忆杜陵祠。世人只识同光派，共听涛音向总持。"林思进受到海内名流的推崇，由此可见一斑。

词，是林思进 70 岁左右才专力作起来的，一两年间，得词 300 余首，刻为《清寂词录》5 卷。他对词，喜诵南唐诸家和温、韦之作，宋词则甚重东坡、稼轩、清真、白石，而不好梦窗、玉田，至于歌筵酒席，就是郭频伽、李越缦、樊樊山，也心摹手追，有所不废。他的词，也和他的诗一样，多有感时伤乱、关心民生疾苦的作品。赵熙在书信中评论他的词说："不莽不纤，语有内心，如公大可传矣。"这是说其词沉郁苍凉而不流于粗豪，哀感顽艳而不流于细碎。而"语有内心"，则是说作者对祖国、对人民的一片热忱。林思进词的可贵之处即在于此。

林思进绝意仕进自京城归乡后，双流少了一位官员，多了一位渊雅的古典诗人与学者。在汗牛充栋的典籍与整饬绚美的诗词中度过 80 个春秋的一代耆儒林思进，颇有几分传奇色彩，林思进宁舍肥缺而选清职的淡泊精神更是让人心向往之。在物欲、名利横流的当今，有志者更应善待名利、正己修身，向自己既定的目标前进。

王章祜：

以财计著称却家无余禄

躺在床上，王章祜怎么也睡不着，眼下，他面对着一个严峻的局面，日夜思虑该如何解决。辛亥革命以后，清朝府的建制被废除，县由省上直接管理，这就造成了各个县都不再出府县经费。当时，府设学堂的经费全部来源于县上，府被废除后，学款没有了着落，府属的各类学校都面临停办的窘境。作为四川政务厅厅长，王章祜着急得睡不着觉，教育是国家发展的根基，一定要让教育经费落实。

失眠的王章祜索性起床，在屋里踱步。就在这时，他脑中忽然灵光一闪，想到了"中资"。中资就是契税里的中介费部分，是随契收取的，这个惯例在民间已经沿袭了很久，凡是购买田产房屋的，都要收取一定比例的中介费，通常是契税的十分之一。按照惯例，中介费通常都归入地方州县的收入，地方上拿这笔钱来置办田产。一个省每年的契税银大约有 1500 万两，这样的话，中资就有大约150 万两。

经过反复考虑，王章祜决定从州县每年的中资里抽取十分之一来补贴教育，这样就有了约 15 万两的经费。如此一来，全省的十几所府设学堂都可以继续办下去了，剩余的经费还可以补助其他学校。最关键的是，百姓们不用为教育经费买单，既不增加民间的负担，又可以继续为国家培养人才。

◇ 留学归来培养人才

清光绪二年（1876 年），王章祜出生于四川华阳的王氏望族，13 岁时，他随考中举人的哥哥王章祺去广西赴任，在来宾县读书。王章祜的成绩非常好，在老师和同学之中享有声名。戊戌变法时，王章祜回到成都，废除科举、兴办学校的活动也在家乡进行着。当时，翰林院编修胡峻在家丁忧守制，开始筹划创办四川高等学堂。正在胡峻为没有助手而苦恼时，王章祜出现在了他的视野中。

在王章祜的帮助下，学堂的筹办工作顺利进行，王章祜崭露头角，他的才能也得到了胡峻的肯定。为了将四川高等学堂办得规范，胡峻邀请王章祜一起去日本考察，学习学校管理制度。王章祜想要继续深造，就进入日本宏文师范学校速成班，开始了为期一年的学习生活。期间，王章祜除了在学校学习之外，就是外出调研，深入研究当地的社情、民情。

学成回到成都后，王章祜被聘为四川高等学堂的学堂监督，兼任选科主任。四川高等学堂是废除科举制之后，全省唯一一所按照新学制开办的高等院校，社会各界都很关注，王章祜也尽力运用自己的所学为学堂做贡献。来读书的学生们都是科举时期的诸生，对新学制不了解，选科是为了让他们适应新学而采取的办法，难度可想而知。王章祜敢于啃这块儿硬骨头，他采用了分目讲授的办法，让学生们找到自己的兴趣、填补自己的短板，取得了很好的效果。

◇ 悉心筹划梳理各项事务

王章祜用分目讲授的方式，先后成就了千百名学成者。此后，他又在此基础上培养教育人才，为全川输送了很多新式学堂的小学教师，受到了官署和民间的认可和赞誉。因此，辛亥革命以后，颇具声望的王章祜被推举为四川政务厅厅长。刚刚经历过混乱的时局，成都当地政府的财产和各类文件都荡然无存，这无疑又给了王章祜一个巨大的挑战。

上任后，王章祜依然秉持着一以贯之的坚韧精神，不畏惧艰难险阻，悉心为各个领域筹划草创，其中最为棘手的，就是各类学校面临的教育经费短缺问题。王章祜日思夜想，终于想出了抽取"中资"十分之一用来补贴教育的办法，在他的筹划之下，十几所府属中学走出了停办的窘境，剩余的资金还补贴了四所师范院校及其所在县的小学。在王章祜的努力之下，在不到一年的时间里，全川的各项事务就变得井然有序。

后来，因为时局的变动，王章祜前往北京，先后供职于教育部、北洋政府内阁等，辞职后滞留北京。虽然当时的王章祜在北京没有什么声望，但他之前在工作中表现出的果敢廉悍却深深地印在了大家心中。在参加国有资产公债官产的清点工作时，王章祜面对权贵毫不退让，将他们吞并的财产悉数梳理了出来，他廉正不屈的精神也展露无遗。

财政部清理公债账目时，发现问题十分严重，当即成立了财政部公债司，但苦于找不到不惧财阀权贵公正清账的人选。听闻财政部缺乏人才，大家纷纷举荐王章祜，说这个职位非他莫属，在了解了王章祜的过往后，财政部聘用他担任国家财政整理委员会坐办兼财政部公债司司长，专门负责整理内外公债。当时的内债与外债问题已经积压了10余年，清末以来各种资金被挪用，造成多项亏空，问题纷乱如麻。

面对越来越难的挑战，王章祜丝毫没有畏惧，他上任后，接手了所有工作，一项一项地核查，梳理每一笔钱款的去处。就这样整理了一年，将所有数据都制成了表格，其中包括国内外的差别、中央与地方的先后、款项利率的大小盈亏等内容，一共写了满满十大册，每一册都有将近一尺厚。做完这些工作后，王章祜前往南京向临时政府报告，随后与所有债权人和债主一一核对，结果分毫不差。王章祜因此被称为理财能手，以财计著称。

◇ 理财能手死后家无余禄

在整理完公债后，王章祜又在各地担任盐运使，整顿盐运。在高强度的工作下，王章祜积劳成疾，1934年前往北平就医。但病情稍有好转，王章祜就立即回到工作岗位，这让他的病情反复发作，3月，王章祜病逝于南京，年仅59岁。王章祜去世后人们才发现，他家中并无余禄，这位以财计著称的理财能手一直过着清廉的生活，让无数人佩服不已。

双流廉吏王章祜一生跟财产打交道，却能够清廉如此，他去世时身上没有钱，他的家里更是没有积蓄，平常的生活开销全部靠微薄的俸禄。他廉洁奉公的精神感动了无数人，也流传至今，与今日的双流精神融为一体，浸润双流儿女的心灵，激励后辈子孙奋勇前行。

文藻青：
克己奉公的"文圣人"

1915 年，怀着"工业救国"大志的文藻青结束在日本的学习，踏上归途，海浪、狂风、暴雨、高山，均不曾使他动摇自己的志向，然而，回国后的现实却浇灭了他的满腔热情——时值袁世凯称帝，他在日本所学电机专业的内容根本无以施展。在现实面前，文藻青只得折节改行，回到家乡双流，准备暂时以教书为业。

然而，连文藻青自己也没有想到的是，教育从此成了他的终身职业。虽没能实现"工业救国"的宏愿，但他一生在教育界辛勤耕耘，在工业领域方正清廉，成为双流的"文圣人"，更是整个成都的"文圣人"。

◇ 有理有情，怀抱赤子之心

1925 年 6 月，成属联中（今石室中学）校长室内，刘东塘满面愁容地站在窗边，看着楼下群情激奋的学生，沉思良久后终于做了一个艰难的决定。数日后，文藻青带着务必解决这一轩然大波的使命作为继任校长走进学校。

早前的 5 月 30 日，上海五卅惨案震动全国，形成了全国性的声势浩大的五卅运动，全国学生爱国反帝情绪激昂，成都学生运动也如火如荼，学生纷纷涌上街头为中国独立呐喊、为民族解放奔走，成属联中学生也暂停课业，积极参加罢课、集会、游行等活动。

由于学业被延时了一个月左右，运动高潮暂退后，学生联合请求学校本次期终免考，但校长刘东塘极力反对，终与学生不相协而辞职。文藻青接任校长一职后，面对学生提出的免考要求，采取公允措施，积极了解具体情况，认为学生爱国耽误功课是情理中事，当然无可非议，但也不能因此降低教学要求，更不能因此免除考试，考试制度必须坚持，不然学生学业无法分出优劣。于是文藻青与学生协商，允许学生暑假后再行补考。这一处理办法，得到了学生的认可，学校与学生之间持续多日的矛盾终于得以解决。

也是在成属联中任校长期间，文藻青提出，成属联中要为国家培养德达才实、立志宏远、共济时艰的人才。或许正是因此，文藻青才更能理解学生要与国家、民族同呼吸、共命运的那颗赤子之心吧。

◇ 凛然正气，使鼠辈仓皇逃窜

全面抗日战争初期，川军大部分出川抗战，于是，一些心术不正之人便想趁社会混乱之机获利，试图向四川省立成都高等工业学校进行勒索。当时学校的实习工厂有一种气锤设备，在当年这种设备还是一种先进工具。那天，实习工厂中来了一大帮人，他们拿"以备军需"作借口，要强行将气锤搬走。实习工厂的负责人百般阻挠无果，只得急忙派人去找来校长文藻青。

文藻青来到工厂，见此情形，愤然出面制止，断然拒绝来人的无理要求："学校设备，系培养人才所需，哪能送人？更不能随意搬走！"来人中有人威胁说："此锤若不献出，恐怕……恐怕还有杀头之祸哩。"文藻青大怒，对这些宵小大吼道："气锤既然有如此重要，卑职即以身殉！如何？"这帮人顿时哑然无语，见势不妙，只得仓皇而逃。

◇ 两袖清风，令人肃然起敬

1939年年底，面对国内抗日战争的严峻形势，或许是青年时"工业救国"的鸿鹄大志还未完全从内心隐没，文藻青暂别教育事业，出任四川省松潘采金局采金处处长。放弃在学校的安稳生活，去到荒山野岭干吃力不讨好的苦差，后来他自己回忆这件事时说："我愿意去任此职务的动机，是因为国家正在对日抗战，可以加强战时经济。"

文藻青到任后才发现，此处的采金工人月薪少得可怜，生活苦不堪言，怜悯之心油然而生，便将按规定处长职务应提取的采金总产值的 8% 手续费，一文不要，悉数拨给工人支配，鼓励他们的劳动积极性。这个被世人视为"肥缺"的采金处处长，卸任回成都时却两袖清风，连居室都是由他的学生集资给他置办的。文藻青对底层人民的关爱及其清风正气不禁令人肃然起敬。

◇ 克己奉公的"文圣人"

抗战后期，文藻青被成都启明点灯公司聘为总经理。当时货币贬值，物价飞涨，公司入不敷出，资金周转不灵，他咬紧牙关，苦撑5年，使得公司得以一直保持供电。这是一件非常不容易的事情，但文藻青竭尽全力，为成都的供电事业做出了巨大贡献，成都市民非常感激他。

1949年9月，文藻青重回教育行业，接任四川省立成都高等职业学校（现成都工业学院）校长职务，他处世不惊，认真治校，埋头教书，终于带领学校度过了黎明前最黑暗的几个月，在人心惶惶和一片混乱中送走了最后一个冬天，于12月迎来了成都解放。此后，直到1958年病逝，文藻青一直坚守在成都高等职业学校的校长职务上。在此期间，他为学校迁到花牌坊校址四处奔走，为创办土木科多方努力，费尽苦心为学校延聘名师。他关心师生疾苦，处事廉洁正直，事事身体力行，深得学校师生爱戴，在成都教育界也享有崇高威望。

正如文藻青自己晚年回忆时说："我服务社会三十年，自信还能负责，不取巧，不贪污，不苟且敷衍，有以自立，免堕流俗……"他的一生，克己奉公，尽忠尽职，以身作则，终成学生、后辈、人民心中真正的"文圣人"。

崇清敬廉、克己奉公是中华民族的传统美德。如今，半个多世纪过去，新时代的双流人悟透自我革命之道，增强全面从严治党永远在路上的政治自觉，不断实现自我净化、自我完善、自我革新、自我提高，当他们与"文圣人"隔空对话，依然能够受到其嘉言懿行的勉励与诫饬。他们将不断传承务实担当之风，弘扬敢闯、勇创、勤干的"拓荒牛"精神，在破解发展难题、办好民生实事等方面务实功、求实效、创实绩，并发扬崇廉尚俭之德，积极培养健康向上的生活志趣，凝聚起崇俭戒奢的社会正能量。

"天下难事，必作于易；天下大事，必作于细。"精益求精是追求，更是习惯，却并非人人都有。它是《诗经》中的"如切如磋，如琢如磨"，是人们口中的"不求最好，只求更好"，是一种坚持，是一份执着。

追求卓越是理想信念，是理想上的远大、信念上的高远。"既要仰望星空，也要低头看路"，只有树立远大理想，人生才有奔头，才有激情。

"择一事终一生"的执着专注，"干一行专一行"的精益求精，"偏毫厘不敢安"的一丝不苟，"千万锤成一器"的追求卓越……数千年来，在各行各业双流人奋楫向前的路上，既体现了敬业之美的精神原色，又表现了创造之美的品质追求，更展现出追求之美的价值升华。

（伍）

精益求精，追求卓越

范祖禹：
矢志修史身后荣

范祖禹雕像

公元 1041 年的一天，四川华阳（今成都市双流区）范氏家族中，一位少妇躺在床上静静地看着怀抱中刚出世的婴孩。就在前一天晚上，十月怀胎的她梦见一位身披金甲的将军冲开重重阻挠径直闯进她的卧室，自称是汉朝将军邓禹，她一惊而醒后便生下了这个孩子。邓禹一生政绩显赫，此刻，她想，这个孩子或许正是邓禹投胎转世，于是给他取名"范祖禹"。然而，这位少妇未能料到的是，范祖禹走上了一条与邓禹截然不同的路。

嘉祐二年（1057 年），17 岁的范祖禹一举中进士甲科而登上仕途。但是，高官厚禄并非他所企求的目标，他的宏伟抱负是经邦济世。几年后，龙图阁直学士司马光受命精选馆阁英才，设局编修巨著《资治通鉴》。此时范祖禹才 20 岁出头，但他的才华和人品为司马光所赏识，与刘恕、刘攽一道被选为助手，负责编修唐代以及五代十国的历史，对史学尤其是唐史的研究，自此成为纵贯其一生的主要工作。

◇ 默默修史十五载

唐代是经济文化繁荣的重要朝代，五代十国又是异常混乱的时代，而且距北宋又近，各种文献资料浩繁。范祖禹自进入书局后，便不辞辛劳，夜以继日地进行编写。他每天泡在西京（今河南洛阳）的图书馆里，查阅从长安（今陕西西安）等地搜罗的唐代典籍，一一加以梳理。同时，他也经常前往开封，从国子监、太学等机构搜寻唐代的书籍，并一笔一画、工工整整地抄录下来，再带回洛阳。就这样，他用了足足 15 年时间，一心撰写《资治通鉴》。对于这样清苦、枯燥的修史生活，他一点也不埋怨，甘当配角，默默地为完成《资治通鉴》的编修工作。

作为编修团队中最年轻的一员，范祖禹却自进入书局起，就彻底放弃了政治前程，所以，当完成《资治通鉴》全书的修撰任务后，司马光高度评价范祖禹："智识

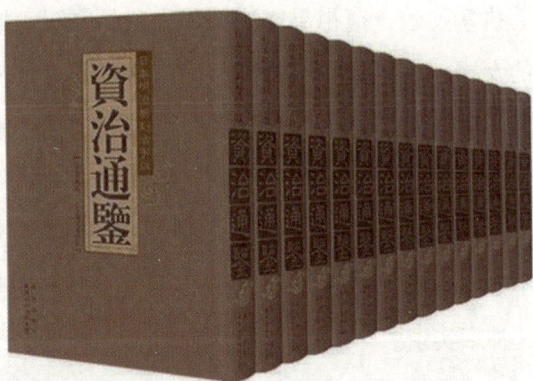

《资治通鉴》

明敏，而性行温良，如不能言；好学能文，而谦晦不伐，如无所有；操守坚正，而圭角不露，如不胜衣，君子人也。"

司马光还曾在《致宋次道书》中说："唐文字尤多，托范梦得将诸书依年月编次为草卷，每四丈截为一卷……共计不减六七百卷。"这样算来，假若仅将范祖禹修撰的唐至五代300多年的这份"长编"稿卷连接起来，竟可长达20里左右！其中的艰辛劳动可想而知。

"鉴前世之兴衰，考当今之得失"，《资治通鉴》是记载了1362年历史的我国第一部编年体通史，共计294卷，又考异、目录30卷，年经国纬，珠贯绳联，蔚然大观，具有很高的历史价值。尤其是范祖禹所完成的唐代部分，用力最勤，其史料价值超过了正史的范围，已成为人类文化宝库中的一份珍贵遗产。

◇ 孜孜治学成大家

公元1086年，只有9岁的赵煦登上皇帝宝座，是为宋哲宗，但朝政全由太皇太后把持。宋哲宗即位不久，范祖禹被调往开封，担任中央最高权力机关——中书省的右正言。后来他的岳父吕公著执掌财政，范祖禹坚决要辞去这一官职。他说：作为当今宰相的女婿，我岂能也在最高权力机构任职呢？没办法，朝廷只好改变任命，让范祖禹到没有决策权力只是负责礼仪工作的祠部担任员外郎。但范祖禹还是不答应，认为这个机构与最高权力机关关系密切，自己不宜在那里为官。朝廷又再一次改变对他的任命，让他到不参与政事的秘书省担任著作佐郎，具体负责编修已故皇帝赵顼的《神宗实录》。

在别人看来是闲职的岗位上，范祖禹如鱼得水，游刃有余。他除了尽职尽责编撰《神宗实录》外，还充分利用皇室的丰富藏书，开始自己的治学之路。就这样，他先后完成了《诗解》《古文孝经说》《祭仪》《三经要语》《经书要言》《家人卦解义》《唐鉴》《帝学》《仁皇训典》等一系列史学著作，成为北宋最重要的史学家。

在范祖禹所著的史学著作中，最得后人称道的是《唐鉴》。《唐鉴》是一部重要的史评类史书，共有12卷，所论上起唐高祖，下至唐昭宗，把近300年唐代历史中事可为法戒者撮取大纲，系以论断。《唐鉴》有着鲜明的、独特的编纂特点，它清晰简明，义理晓畅；合编年、史书评论于一体；历史评论以《春秋》笔法为原则，极具震撼力和说服力。《唐鉴》所反映的史学思想也极为丰富，主要有：以古为镜，取鉴资治；倡导忠孝纲常，维护封建伦理；主张以民为本，反对暴虐无道；不信鬼神怪异，主张事在人为。南宋时期，宋高宗赵构在读过《唐鉴》后对侍讲官感慨地说："读《资治通鉴》，知司马光有宰相度量；读《唐鉴》，知范祖禹有台谏手段。"因为这部书名气很大，"深明唐三百

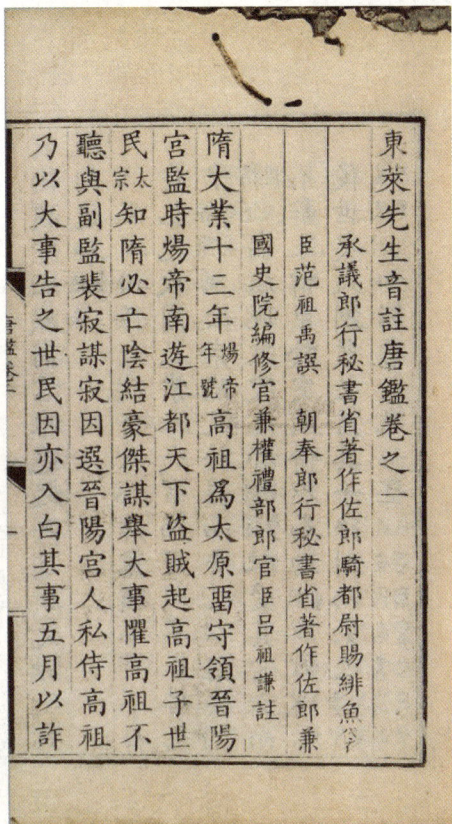

《唐鉴》书影

年治乱，学者尊之"，所以范祖禹被时人称为"唐鉴公"。凭借《唐鉴》等史书，范祖禹理所当然地跻身于北宋史学大家的行列。

◇ "三范修史"传佳话

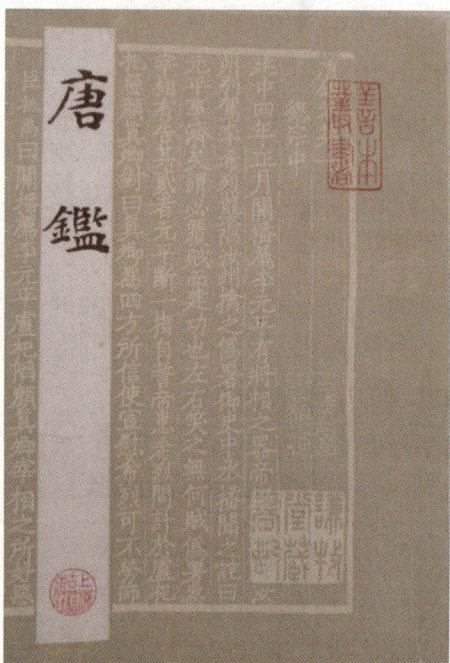

《唐鉴》书影

范祖禹生于华阳范氏家族，其叔祖范镇、儿子范冲均为一代史家，一族三代皆出良史，使得"三范修史"成为史坛千古佳话，也使华阳范氏成为全国有名的学术家族。

范祖禹一生严谨治学、矢志修史，他认为史学要以实证为基础，以真实的历史资料为依据，通过考据和研究来发掘历史的真实面貌。他同时主张以"道德"为准绳，即在考证历史真相的同时，也要关注历史事件背后的道德和价值取向。他严谨治学的态度、矢志修史的精神不仅对历史学家有启示意义，更对我们每个人都有深刻的启示，即应该始终坚持真理，坚持客观、公正的原则，认真对待历史，为人类文明的发展贡献自己的力量。

今天双流为官为学的人们，正在范祖禹修史精神的指引下，不断在知识上、技术上创新，精益求精，臻于至善。

左锡嘉：
从江南才女到双流"孟母"的传奇一生

〰〰〰〰〰〰〰〰〰〰〰〰〰〰〰〰〰〰〰〰〰

清同治元年（1862 年），江南才女左锡嘉带着年幼的儿女，扶着丈夫曾咏的灵柩，乘坐孤舟从长江溯流而上，千里归蜀返乡。

秀水奇峰不断从眼前掠过，左锡嘉却无心欣赏景色。10 年前在京城的回忆涌上心头：新婚燕尔之时，丈夫与自己相约，待告老还乡，夫妻二人一定要好好畅游巴蜀，饱览大好风光。然而今天，这一切都已成为不可企及的梦想。

从长江折入岷江后，舟行至犍为县境内叉鱼滩时，正遇上枯水时节，狂风从左锡嘉耳旁呼啸而过，行至最险处时，前方江中突然出现一块巨石，船工用尽力气，拼命想躲过巨石，但似乎无济于事。船触石破，掀起大浪，桅杆欹斜，左锡嘉只能抱着丈夫的灵柩号啕大哭……

几个月后，经历了重重磨难，左锡嘉终于结束了这段漫漫征程，抵达丈夫的家乡双流。在这片陌生的土地上，半夜醒来，她脑海中又闪现出叉鱼滩遇险的情景，仍然不寒而栗。她拿起画笔，《孤舟回蜀图》落笔而成。画中，一叶小舟在浩瀚的江面上随风颠簸不已，船上一群身单衣薄的人影，孤立无援地望着远方……

◇ 撑起家庭的重担

清道光十年（1830 年），左锡嘉出生于江苏常州世代书香的官宦世家，从小衣食无忧，来到双流以后，她的角色却发生了根本性的转换：要伺候公婆，还要营生家计，更要教育包括曾咏胞弟遗孤在内的三儿六女。一代名门闺秀，却毫无怨言，极其克制。

左锡嘉画作

左锡嘉的适应能力非常强。这位江南女子，先是顺利地过了语言关，很快学会了四川方言。接着她又过了生存关。曾咏留下的积蓄并不多，老家有一些田产，但也只能勉勉强强维持生活，左锡嘉学会了养鸡、养猪、种菜等农活，增加收入，贴补家用。一双纤纤玉手，在日复一日的粗活中渐渐粗糙起来。

家口众多，生活无着，啼饥号寒，这一切全由左锡嘉一人支撑张罗。迫于生计，左锡嘉开始了卖字卖画的苦涩生涯。一开始字画店的生意很不好，左锡嘉主动征询顾客的意见。有人便指着她放在内室不对外出售的画作说，我们喜欢这样的作品。左锡嘉一看，那些画作是流行于她家乡的通草画，在江南，这种画俗称"草雕"，即绘制在通草片上的水彩画。通草画以花鸟为主，重在写实。左锡嘉醒悟到，自己的写意山水文人画并不为普通民众所欣赏，于是，她转而出售以写实为主的花鸟画，生意才渐渐红火起来。

左锡嘉用一支小小画笔，撑起了一个大家庭的生计，同时也为自己的人生，开拓出一条通衢大道。

◇ 效孟母教子三迁

生活虽然艰苦，但左锡嘉从未放松对子女的教育。子女渐渐长大，左锡嘉忧虑僻处双流乡间，"乡里陋僿"，守着数椽茅屋很不利于子女向学。公婆先后去世后，她就举家迁往成都城南接近学宫的地方。如此过了一段时间，左锡嘉又觉得在城市居住得久了，孩子们难免沾染上城里子弟的浮华奢侈之习，此时正好听说西郊的草堂书院有名师教授，于是再次迁徙，在与草堂书院相隔一浣花溪的百花潭旁觅得一处房子栖身。几个儿女经过考试，进入了草堂书院，接受名儒教导。这与昔日孟母教子择邻而处同出一辙。

左锡嘉对儿女殷殷寄托，从立身礼义、交友、正直、成才、处世等各方面加以训诫、规范，在她几十年的精心培育下，儿女个个学有所长，成才成名。其长子曾光煦，选授山西定襄县知县，也擅长诗画，曾为《曾氏家训》作序，将父亲、母亲的诗篇编辑为《曾太仆左夫人诗稿合刊》刊印传世；次子曾光岷，考中进士，担任过刑部主事等职务，面对列强侵略，他更以《速筹武备以自强而免危弱折》上书光绪皇帝，强调"当今之急，莫如强兵"，体现出一颗拳拳爱国心；三女曾仲仪、四女曾叔俊皆有时名；五女曾彦是著名诗人，著作极多。尤为突出的是其二女儿曾懿，以诗书画"三绝"闻名，同时自学中医，治病救人，并根据自己的行医体会，以及对社会、对女性地位的观察，先后撰写了《医学篇》《女学篇》《中馈录》等著作，成为清末一代名医。

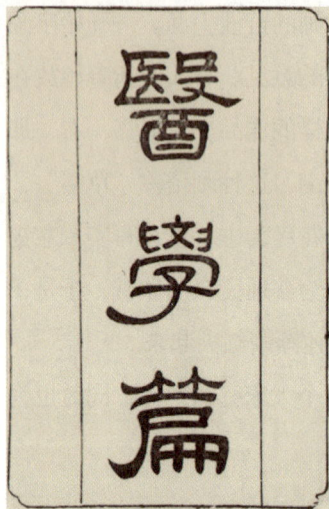

曾懿著作《医学篇》书影

左锡嘉以孟母为榜样，历尽生活磨难与艰辛，最终将子女都培养成才。她是双流的孟母，是双流巾帼中的豪杰。

◇ 吟诗赋文建诗社

出身于书香世家的左锡嘉从小受到良好教育，未出阁时就有才女、孝女之名，其诗书画俱佳。她生活在晚清动荡而风雨飘摇的年代，19世纪中晚期，社会发生剧烈震荡，民族矛盾和阶级矛盾交织在一起，严酷的社会现实猛烈撞击着这位才女善良的心灵，因此，她凡为诗为文，都以饱蘸感情的笔触，倾吐愤怒的心声和满含悲怆的情愫。其中写得最出色者，为赠夫与乡居诗。这两类诗既写出诗人的主要人生经历与生活状态，又在生活、历史的底色里晕染着诗人的个性与对人生的独立追求。

《补衣答外子见赠原韵》云："敝衣十载宦长安，风骨棱棱尽耐寒。补缀不教襟露肘，小窗灯火影团栾。"这首诗写诗人与丈夫在京中宦居的清贫生活，也展现出其知足常乐的平和心态。

《乡居》云："茅茨泥四壁，梁柱缺结构。瓢饮岂堪忧，穷巷敢云陋。量纸补残篇，牵罗缀屋漏。遗经授孤儿，识字严句读。画粥思古贤，刻苦企成就。蚕月料桑柘，谷雨验麦豆。曲堰榛刺肥，瘠土禾稼瘦。怡情涧泉鸣，聒耳村姑诟。导之以礼让，了不识左右。积习闵难化，愁心蕴百皱。"诗歌描写诗人初入乡村，百废待兴，破敝的茅屋要修补，荒废学业的子女要教育，田地的谷蔬要播种，还要学会与不识礼仪的村姑打交道。农村生活虽然艰苦，然而，为了子女与已故的丈夫，左锡嘉都一一将其克服。

几个女儿渐渐长大，也都喜欢诗词，左锡嘉又萌生了一个念头：成立一个家族女性诗社，互相唱和，共同提高。由此成立了浣花诗社。这个以家庭成员为主的闺秀文学社团引起了广泛的关

左锡嘉绘画作品《花卉轴》（图据《本溪文物集粹》）

注，不少人专程跑到左锡嘉家中，观摩她们相互唱和，附近不少女性也主动加入。浣花诗社成为同治中后期成都地区一个颇有特色与声势的闺秀诗社，也是晚清诗坛一个颇有影响力的重要女性文学社团，在晚清成都诗坛掀起一阵诗歌创作的波澜，被载入史册。晚清著名诗人缪荃荪评价说："其家庭唱酬之乐则同。而黻佩相庄，兰玉竞爽，古今才媛不可多得之遇以一身兼之，则又独异也。"

在左锡嘉的引领与倡导下，曾家儿女掀起家庭诗歌创作高潮。左锡嘉以柔弱的肩膀扛起供养全家人的生活重担，更为孩子们撑起了一个充满诗情画意的家。她以诗歌之美滤去生活的苦涩，让孩子们在艺术氛围浓厚的家庭环境中成长，涵养了深厚的文化底蕴，而浣花溪的诗意生活也成为子女们最美好的回忆。

◇ 巾帼豪杰重塑荣光

"剪灯乘隙课儿书，刀尺声寒泪频挞。"曾经，在本当喜庆的正月里，左锡嘉却写下了《冷吟集》中这样凄苦的诗句，这是一位传统女性克制与发泄的矛盾，也是即便才女也摆脱不了的辛酸命运。左锡嘉将艰难的岁月记录在诗文之中，但她从未向命运低头，将一位母亲的坚强和无奈与一个传统女性的吃苦耐劳交织在了一起，可谓贤惠孝顺、智虑周密、才华横溢的贤女典范。

如今，100多年过去了，继承左锡嘉的坚毅品质，双流新一代了不起的奇女子自强不息、艰苦奋斗、开拓创新，为社会主义现代化建设做出贡献，她们中有与死神赛跑的"护心使者"，有社会公平正义的捍卫者，有航空产业战线上专业理性、务实精进的招商尖兵，有热衷公益、用"长者互助餐桌"温暖高龄老人的暖心人，有

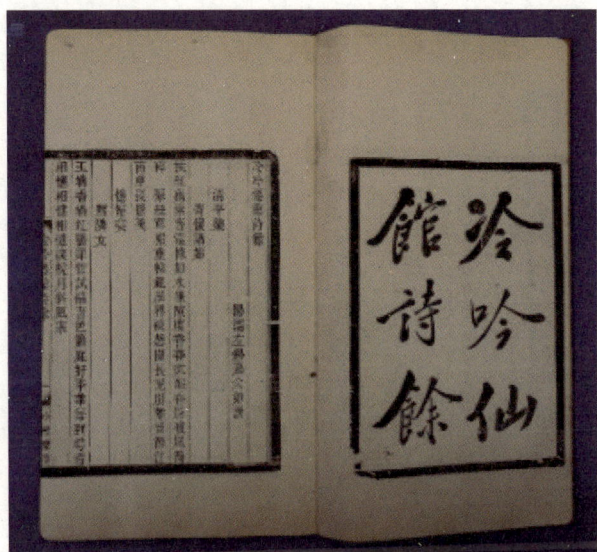

《冷吟仙馆诗余》书影

崇德向善、全国"最美家庭"背后的"最美军嫂"，有大爱暖城、珍惜每一次"萍水相逢"的公交司机，更有 14 年爱心接力、672 名地震孤困儿童守护人安康妈妈……心中有光亮，脚下有力量，她们是双流各行各业中追光逐梦、奋力拼搏的平凡人物，她们和城市里每一个向阳而生、向上而行的追光者一起，不断奋进新征程、建功新时代，在接续奋斗中重塑双流荣光。

胡峻：
一代名士办学兴路

1898 年夏天，一场仅持续了百日的变法运动震动京城，于混乱之中释放出了难以估量的生命力，也震动了来京任职仅几年的胡峻的内心。他暗下决心，自己一定要探求出一条革新之路来。变法失败后，戊戌六君子被杀，好友乔树楠冒死收敛了刘光第的遗体，胡峻为这黑暗的世界以及君子们的气节震惊不已。

1899 年，因父亲病逝，胡峻怀着忧伤的心情离开京城，回到成都双流居丧，也带走了京城的所见所闻给自己留下的深刻印记，从此改变了自己的一生。

◇ "仰副国家，造就通才"

1903 年夏天，千里奔波之后，带着大包小包的胡峻由宜昌辗转重庆，最后回到成都。他的行囊里，是过去几个月在日本和北京的见闻与思索。此次归来，他只有一个目标——办一所全新的学堂。

在此前一年，清政府颁布《钦定学堂章程》，要求各地自主兴办学堂，全国办学之风盛行。时任四川总督的奎俊将四川中西学堂和锦江书院、尊经书院合并在一起，创办了四川大学堂。同年12月，继任总督岑春煊又把学校改为四川省城高等学堂，这所学堂正是今天四川大学的前身。

当时，四川省城高等学堂是当时四川唯一高等学府，受总督和学政直接管理，总理（校长）一职，必须由资深望重、学行兼优的人担任。岑春煊看中了学识与为人均为士林所推崇的胡峻，特三次登门，请胡峻主持高等学堂。此时的胡峻本该守孝期满进京复职，但他一方面为岑春煊的真情所打动，另一方面本就对教育极为重视，认为"一国之治乱，系乎人才之盛衰；而人才之盛衰，视乎国家之教育"，且痛恨科举制度埋没人才，于是毅然出任高等学堂第一任校长，担负起创办四川近代第一所文理科兼备的综合性高等学校的重任。

1903年2月，胡峻正式走马上任。以书院改学堂，事属创举，无成规可循，为了吸取国内外办学的先进经验和方法，胡峻通过岑春煊奏请朝廷，被特派为考察日本学制游历官，率王章祜等人东渡日本考察学务。

在之后的4个多月中，胡峻对日本的教育行政、学制规则、学科章程等，皆一一细心考察，同时还为学堂购置仪器、图书等。回国后，胡峻又到北京京师大学堂仔细考察了教学、科研和管理等各项措施。返回成都后，他立即就考察所得，斟酌损益，亲手编定高等学堂各类规则及各学科的章程，聘请名师，建筑校舍，购置设备、教具、图书等，大大小小的事情都亲自操办。经不懈努力，1903年11月学堂开学，1904年3月正式举行了开学典礼。胡峻由此正式成为四川大学第一任校长，川大后人称他为"先总理"。

胡峻在当时就提出了"仰副国家，造就通才"的办学宗旨，这也显示出他的深远抱负。由于名师荟萃、学风醇厚、经费充足、设备完全，加之对学生的考核及各项规章制度都十分严格，四川省城高等学堂先后培养出一大批优秀人才和革命家，如朱德、郭沫若、杨尚昆、李劼人等。

1904 年，新任川督锡良到任后，开始在四川积极推行新政，锡良对胡峻深为倚重，视其为不可多得之人才，胡峻很快成了总督府的高级参谋。为适应新式教育发展及各项新政的需要，必须尽快造就师资和培养各方面人才，胡峻致力于振兴四川教育，向锡良建议派留学生出国深造，短短两三年里，四川的留学人数达数千人。有了锡良的支持，胡峻不仅仅对四川高等学堂苦心经营，更是对全川教育抱负远大。

1906 年，锡良延聘胡峻为全川学务公所议长，主持全省学务，他的办学能力也得到了极大的发挥。到 1907 年，四川全省共有学校 7775 所，居全国第二位，在校学生人数居全国第一，四川教育达到一个辉煌时期。

◇ "铁路，交通要政"

胡峻在办学的同时，也关注着路权之争。其时帝国主义对四川铁路权虎视眈眈，使四川人民无比愤慨。胡峻此前就风闻向外国借款修路的事，心里不免担忧。

鉴于四川民情激昂，锡良力主川路自办。1904 年 1 月，锡良筹办川汉铁路公司，在成都岳府街挂出了官办川汉铁路公司的牌子，胡峻力赞其事，他向锡良建言："铁路，交通要政，创始维艰，措施一不当，则弊害滋深。往者吾国建设事业，多藉外债，终损主权，今英、法领事竟以投资相饵，慎始防微，必绝外款。"次年 1 月，锡良请胡峻任公司总理，一切事宜都交给他处理。在制定章程的时候，胡峻首先一条就是杜绝外资，又在文庙街设铁道学堂，并兼任铁道学堂校长，培养铁路人才。

当时，由于筹集路款困难，胡峻向锡良建议，仿效湖南的办法，以租股为主，官股、商股为辅。当时这一建议遭到一些人的反对，锡良也犹豫不定，不知该如何办。胡峻对锡良一番长谈，分析利害关系：不让路权落入外国人之手，又要办起铁路，就非走这步不可，一旦路权落入他人之手，那将受制于人，贻害无穷。锡良恍然大悟，当即点头答应。1905 年 7 月，川汉铁路改为官绅合办。1907 年 3 月，锡良又奏请清廷将川汉铁路公司改为商办，胡峻任公司副总经理。至此，川汉铁路完成了由国家控制到商业化的蜕变，四川人掌握了川汉铁路的主权。

1908 年初，胡峻升任川汉铁路公司总经理，从此担负起四川全省铁路总责。那时中国还没有修筑铁路的经验，没有可参照学习的样例，胡峻对锡良说："兹事非游历考览，不足为功。"于是带人先后赴日本、美国考察铁路。

◇ "家无积财，不负川人"

胡峻不仅博学多才，而且刚正无私，他行事严谨认真，就是在病发吐血的时候也从没放弃过自己的工作。

胡峻一直就有咯血的病，每一年都会发作，后来越来越频繁。他准备前往美国考察时，因路途遥远，锡良很担心，劝他暂缓启程，胡峻说："我就是为众人牺牲了生命，又有什么可怕的呢？"从东门乘船而去，锡良望着远去的船影不禁感叹。

胡峻才到万县，病又发作，吐血不止。随行的人劝他回去，胡峻不听，稍稍有了好转，马上又上路。在日本的时候，他的病又发作，随行的人很担心，胡峻站在海边，望着波涛滚滚的大海感叹说："我不入地狱，谁入地狱？"显示了他为修路不惜一死的决心。

从美国考察回来，胡峻同时聘请了留美铁道工程技术人员陆耀庭和胡栋朝两人，一个人从成都往下勘察，一个人从宜昌往上勘察，然后再合而校正。1908 年 1 月，清政府改派胡峻为驻川铁路总理，同时担负全川铁路、学务的重任，尽管这时他已病得不轻，但他毫不推辞，拖着病体为铁路事务忙碌。

胡峻还清廉到苛求自己的地步。在川汉铁路公司任职前后 5 年，他未领公司一分工资，出国考察期间所订的月薪 500 两银子他也婉拒，直到公司由公办改为商办，才"月支车马费 200 两而已"。他两次出国考察负债 3000 两白银，直到病逝前仍无力偿还。1909 年 2 月 21 日，操劳过度的胡峻咯血不治而死，年仅 40 岁。俗语曰："三年清知县，十万白花银。"然而胡峻却穷得发酸，在临终之时，他平静地对家人说："室有藏书，可遗子弟；家无积财，不负川人。"这就是一个知识分子的临终遗言。

胡峻用自身的言行为双流学人树立了一座丰碑，正如他自己所希冀的，无论办学还是兴路，他均以最高的标准要求自己，在那个动荡的年代探求出了一条革新之路。百余年来，一代代双流学人接续胡峻身上的奋进之志，笃行不怠，奋楫争先，矢志不渝，让"幸福"二字具象化，共同创造出美好新生活。

蒲松年：
将一生献给川剧艺术

1952 年 1 月 19 日，冬日的凛冽寒风还在呼呼作响，从内江华胜大戏院里举行的追悼会上传出的哀乐低徊，打破了凛冬的死寂。戏院门口的大街上挤满了来自四里八乡的人们，不少人还在低声啜泣。他们悲痛的，是一代川剧名丑的谢幕；他们感激的，是这位出身于贫困农民家庭的戏曲家，能在旧社会的黑暗岁月里，塑造出生动的喜剧人物形象，为无数受苦受难的底层百姓带来欢笑与启迪；他们深切悼念的，是将一生献给川剧艺术的蒲松年。

◇ 一心唱戏，开始川剧艺术生涯

1871 年，蒲松年出生于双流彭家场一个贫苦农民家庭，自幼过着极端贫困的生活。蒲松年从小受演"端公班子"（即"傩戏"）的姐夫影响，对戏曲产生了强烈的兴趣。戏子在旧社会地位极低，起初蒲松年年纪小，父母认为他留在家里既当不了帮手，又无钱供他读书，就由他随姐夫混日子去，姐夫教了他《安安送米》《洪渡江》等戏，他有时就和姐夫一起出去演戏混口饭吃。但是到12岁时，父母要他帮着家里做农事，便不许他再演戏了。

蒲松年不顾父母反对，带着对戏曲的一腔热爱从彭家场偷跑出来，在双流城镇到处打听有无戏班子可搭，后到新津，拜入名角岳春门下。

然而，跟从岳春学戏没多久，一天蒲松年刚刚演完戏，人群中一个人凶神恶煞般走到戏台上，对着蒲松年不由分说就是两耳光，蒲松年还未回过神来，那人便张口大骂："你丧尽蒲氏门中先人的德！"原来此人是双流彭家场蒲家的族长，他将蒲松年抓回双流彭家场蒲家祠堂，斥其败坏门风，要对蒲松年及其父亲"正家法"。当晚，蒲松年趁无人时翻墙逃了出来，四处流浪，一心唱戏。后来，蒲家祠堂又派族人四处寻找，最后实在无法，便在新津、双流一带张贴"摔"字揭帖，谓"戏子优伶，永世不准归宗"。

蒲松年逃出后，流浪到仁寿，在那里，他结识了一个来自内江市资中县状元街的裁缝，裁缝告诉他："资中在唱城隍戏，热闹得很。"他便跟着裁缝到了资中，被裁缝收留。

裁缝家的温暖，并没有打消蒲松年唱戏的念头。他听云南山货帮的挑夫们说，唱川戏在云南最走红，就随同挑夫队伍去往云南昭通。果然，昭通茶馆里常有"围鼓"，他就去参加坐唱。昭通成立四川同乡会后，"围鼓"发展成为专业川戏班。1889年，18岁的蒲松年在云南昭通"蜀香茶园"正式登台，开始了他的川剧艺术生涯。

◇ 寻师学艺，成为一代宗师

川剧在云南虽然很受欢迎，但蒲松年觉得那门道中角色功夫很差，便决心还乡，寻师访道。

一开始，蒲松年听说师父岳春在宜宾唱戏，便赶到宜宾，结果到宜宾后又听说师父人在泸州，赶到泸州后又听说在内江。蒲松年就这样辗转川南各地，到处搭班，寻找师父岳春。后来，他回到资中状元街，同当初收留他的裁缝的女儿结婚。婚后不到 1 个月，他打听到师父已回大邑县，又不惜抛别新婚妻子，直奔大邑，终于在邛崃一个乡场上找到师父，从此跟师学艺。

跟从师父岳春学艺期间，蒲松年异常勤奋，仅用 3 年时间就学会了《活捉》《滚灯》《坠马》《扫秦》《下山》《醉隶》《献剑》《拾金》等高难度的"功夫戏"和许多昆曲。此后，蒲松年演遍了"资阳河"各地城乡市镇，用戏曲展现了"资阳河"流域的风俗民情，表达了平民的喜恶爱憎，构建了百姓的是非评判标准。他继承了"资阳河"流派的优秀传统，成为"资阳河"流派的一代宗师。

◇ 严肃认真，在艺术中忧国忧民

尽管作为戏子，蒲松年甚至未得到家人的支持，但是，他对待艺术的态度始终是极其严肃认真的。正如他自己所说："应该把唱戏看作高台教化，看戏的是为了取乐，唱戏的应该是为了教人。"

在四川军阀"二刘"内战时期，蒲松年唱的昆曲《拾金》，花郎出场时有四句诗：

国难民贫唤奈何，叔侄阋墙起风波。

疮痍满目心愤郁，抒怀但唱莲花落。

抗日战争时期，在一次为抗日将士捐献寒衣的义演会上，蒲松年把《拾金》前面的出场诗改为：

卢沟桥前起烽火，为驱倭寇起干戈。
前方将士衣衫薄，募捐且唱莲花落。

当戏演到花郎从雪堆里拾得一块黄金时，他忽然把那块黄金送到戏台旁边的募捐箱里，博得全场观众雷鸣般的掌声，观众们也自动涌到募捐箱前，纷纷取下戒指、耳环或掏出现金，投入募捐箱内。

正是由于蒲松年在演出中经常表现出对国家、对人民的深切关爱，以至于后来在他的追悼会上有人不禁赞扬他，"不仅保存了优秀的民族文化，也直接间接教育了受难的人民"。

◇ 代代传承，将川剧艺术发扬光大

"千年巴蜀，百年川剧。"川剧，是中国汉族戏曲剧种之一，是巴蜀文化艺术突出的代表，是迄今为止最能体现巴蜀文化的特质、最能展现四川人精神风貌的一种传统艺术。

从 1871 年出生到 1952 年逝世，蒲松年 81 岁的人生中有近 80 年生活在旧社会的封建统治之下，在这漫长而又黑暗的岁月里，他选择了当时被认为最卑贱的职业，但他百折不挠，将自己的一生献给川剧艺术，在年复一年的演出中，寓庄于谐，振聋发聩，教愚化顽。他继承和发扬了祖国优秀文化遗产，给后辈树立了光辉典范。

2015 年，双流成立川剧协会，此后，秉承黄龙溪千年水码头

（明）张翀《瑶池仙剧图》
局部

深厚的历史文化以及黄龙溪川剧历史的深远影响，双流的川剧表演艺术家携手共进，通过精彩的演出吸引年轻人，让他们了解传统戏曲，进而将以蒲松年为代表的历代川剧艺术家创造并传承下来的艺术瑰宝代代坚守并传承下去。川剧作为天府文化的一大特色，在新时代表演艺术家的接续传承中，定当"尊戏曲本真，守川剧正道，呈艺术新风"。

刘咸炘：
思想光芒恒久闪耀

　　世人皆知蜀道难，今日尤叹剑门险。剑门关素有"蜀门锁钥"之誉，是"一夫当关，万夫莫开"的关隘要冲。

　　1932 年夏天，36 岁的双流学者刘咸炘来到剑门关。前一年，他西游青城山，并南下嘉、眉，游了峨眉山。这两年的出游是他一生中唯一一次远游。目睹剑门之雄险，与天地目接神合，刘咸炘不禁有感而发，在剑门关上题写了来自《周易·坤卦·六二》爻辞的"直方大"三字。刘咸炘在此关写下此三字，既有状写大地山川蓋直、端正、正大的含义，也是对自己一生治学与为人的期许。

　　这三个字在旧中国蜀地学术天空划出了最后一道耀眼的光芒。至今，许多去到剑门的游客，都会慕名去找寻和瞻仰这处"直方大"碑刻。

◇　延续数代的文脉

　　清末，成都南门纯化街有一所老宅，因门额上悬挂前清翰林伍肇龄所书"儒林刘止唐先生第",被当世及后人称为"儒林第"。光绪丙申年（1896年）十一月二十九,这个儒林大家又添了一名男丁。这是一个新旧交替、风云激荡的年代,刘家已延续数代的文脉,注定要由这名纤弱的男丁光大至一个巅峰。

刘咸炘出生的时候,他的祖父槐轩主人刘沅已去世40年,如果祖父还活着,该有130岁了。此时,这所老宅内的学馆由他父亲刘梖文主持,而刘梖文得子之时也已经55岁。算下来,祖孙三代跨越了一个半多世纪。刘咸炘的父亲刘梖文是刘沅的第六子,在刘沅去世后,将槐轩学派发扬光大。或许是因为老来得子,这位槐轩学派的第二代掌门人给了刘咸炘最好的教育,而天资聪颖的刘咸炘也表现出极高的学习能力。

刘咸炘从3岁便开始读书,四五岁时已经可看出非常聪慧,他仔细观察鸡的生活习惯,居然就写出了一篇题为《鸡史》的文章。他最先跟从堂兄刘咸荥学习,不久刘咸荥就对别人说:"四弟聪慧异常,所问辄博而深,吾不能胜其教也。"就这样,父亲刘梖文亲自施教。到9岁时,刘咸炘每天从家中藏书挑选10多本去自己的房间,看完之后第二天再换。母亲谢氏担心他读书杂乱无成,但是父亲刘梖文却心中有数,说:"老四自有用地,不必为之过虑也。"事实证明,父亲是对的。

刘咸炘17岁的时候,父亲刘梖文去世,刘咸炘随即问学于另一位堂兄刘咸焌,习《汉书》,继而读章学诚《文史通义》,由是一生与章氏治学方法结缘。

◇ **育才无数的教育家**

1916年,20岁的刘咸炘担任了当时四川著名书塾——尚友书

刘咸炘

塾的塾师。该书塾是他的堂兄刘咸焌于1915年创办的，最初叫明善书塾，地址在成都纯化街延庆寺内。这所书塾最初是教授本族子弟的，后来渐渐有了大量慕名而来的学子，成为当时成都最有名的私立学校。书塾的行政工作由刘咸焌负责，教学课程和书塾章程都是刘咸炘这位年轻的学者一人制订的，所以称他是这所书塾的实际掌教者也不为过。书塾分幼学、少学两班，学生数百人。

在尚友书塾主持教务工作时，刘咸炘对家境贫寒、无力就学者，都免缴学费，并供给伙食，不使废学。为使学生能深造有成，刘咸炘还曾筹集经费，在书塾设研究班，按季发助学金，以赡膏火。研究班的学员从成绩最优中拔擢，后来大都成了蜀中的国学才俊。

此后，刘咸炘又与友人唐迪风、彭云生、蒙文通等创办敬业书院，担任哲学系主任。刘咸炘在敬业书院主讲国学时，许多学生要求到塾内听课，他特为这批人（当时称为"塾外生"）在星期天讲课。学生中凡有成绩的，不论大小，他都要加以奖励。资质下等的，刘咸炘更是尽心诱导，耐心扶持，希望这些学生有所长进。

1926年，张澜出任成都大学（四川大学前身）校长，广招社会贤达和有学之士到校任教。次年，刘咸炘被成都大学聘为教授，主讲中国古代经学、文献目录学等课程。他上课时，往往教室内外都站满了慕名前来听课的学生。

从20岁担任尚友书塾塾师开始，到36岁去世，刘咸炘的教育生涯只有16年。但是在这16年期间，他谆谆善诱，敬业乐群，深受学生爱戴，育才无数。

◇ 博学多才的文史大家

刘咸炘22岁时，已经深入研读了《文史通义》《汉书》等著作，写就了《汉书知意》，后来又相继写出《太史公书知意》《后汉书知意》《三国志知意》三部书，这时的他已经基本形成了自己的学术思想。出身儒林世家，自身聪颖善悟，先辈们草蛇灰线、千里伏脉的努力与传承，最终在刘咸炘身上结出了硕果。

那时，新文化运动和五四运动先后开展，正是新旧思想交替、中西文化碰撞之时，刘咸炘以家族传统的经学与章学诚的史学为基础，又吸收了西方学术观点，在他的著作中，他立足于传统，又不时引用笛卡尔、叔本华等人的言论，这使得他的目光既不似当时部分泥古者那般狭隘，又不似一些全盘西化论者那般极端。回归原典，廓清本源，刘咸炘气魄不可谓不大，志向不可谓不宏。只是这样的学术和思想追求在那个矫枉必须过正的年代看来，确实是一个另类，他为中华传统文化寻找合法化和出路的努力势必被淹没在时代激进

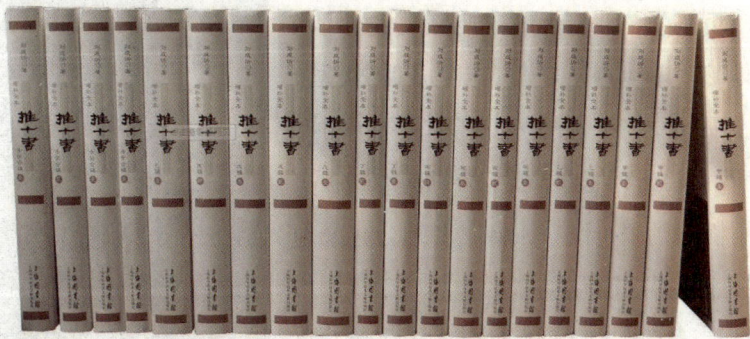

《推十书》

211

的大潮中。

之后他著述日丰，常常一个月便撰写四五卷书，同时，他在学术界的地位也被更多人认同。毕业于清华大学，曾任教西北、东北、四川等大学的诗人吴吉芳对他自称"半友生半私淑之弟"，以经史研究而著名的四川学人蒙文通也赞扬"其识骎骎度骊骅前，为一代之雄，数百年来一人而已"，甚至四川督军刘湘也曾请刘咸炘出任二十四军军部秘书长，但被婉拒。

1930年，刘咸炘将自己的著作修订结集为《推十书》，"体用兼备，粲成格局，合乎传统学术规范，俨然成一家言"。"推十"是刘咸炘书斋的名字，取自许慎《说文解字》载孔子"推十合一为士"之义，借以显示其一生笃学精思、明统知类、由博趋约、以合御分的学术主旨。《推十书》这本巨著涉及哲学、史学、文艺学、目录学、方志学等多个领域，使得刘咸炘成为近代当之无愧的大学者。

◇ 热爱故乡的学者

刘咸炘一生未出蜀地，他将很多精力放在了对家乡双流历史的研究上。刘咸炘认为，地方志的精神与气脉在于当地的政事风俗，"言地志者不出两途，一征人文，一考山川古迹"，与国史有所不同，研究地方志要综合纵向的"时风"与横向的"土风"，将二者结合起来理解才能得出较为客观的结论。

读书时，只要看见有关于家乡双流的记载，刘咸炘就将其摘录下来，汇集

《双流足征录》

整理成《双流足征录》一书。刘咸炘在学习和继承前人方志思想的同时，自己还在体例和史料上有所创新。《双流足征录》分为《地域考》《货殖考》《士女考》《宋世族表》《著述考》和《文征》六部分，《地域考》考郡县之沿革、疆域之变迁；《货殖考》考民生之事、地财土产；《士女考》考人物先贤、士女人才；《宋世族表》考宋世蜀才、氏族故家；《著述考》考艺文旧志；《文征》考他方人为双流著述之作。全书内容翔实、考据充分，是除正史之外，研究双流历史的重要补充资料。

可惜，天妒英才，这位被陈寅恪誉为"四川最有识见的学者"，36岁从剑门关回来后一病不起，不到一个月便咯血而逝。他的早逝可以说是近代蜀中学界最令人痛惜的事情。他留给世间的来自《周易》的"直方大"三字仿佛一个喻示：他的整个人生就是《周易》坤卦的完美体现——"地势坤，君子以厚德载物"。纯阴卦中蕴含着阳刚的力量，恰如刘咸炘的坚守、冷峻与宽广。

虽英年早逝，但刘咸炘博大精深的学术体系、独特卓绝的学术思想中蕴含的思想光芒会穿越时间，在双流、四川乃至中国历史的深处恒久闪耀。

刘安衢:
一代儒医独秀杏林

1924年秋,双流彭家场刘家收到了一份特别的礼物,一幅优雅的山水画——《杏林春色》,画上题有一诗:

> 红杏尚书旧有名,良医良相应同声。
> 英年学业竿头进,坐便两翁畏后生。

在这不久前的7月,刘安衢参加四川省警察厅中医师考试,名列"甲等第一",从此医学界和成都市民对他刮目相看。当时,成都名流辜培源80岁高龄,染病在身,多方求治无效,延请刘安衢诊治竟得痊愈。辜培源很高兴地以画作《杏林春色》馈赠,并特别邀请同是80岁高龄的方鹤斋题诗一首,对刘安衢的医术倍加赞赏。

刘安衢赏着画、读着诗,微笑颔首,想到,或许这便是自己学医的意义吧。

◇ 刻苦向学，甲等第一

刘氏乃双流名门望族，然刘安衢 8 岁丧父，没有了父亲这一顶梁柱的支撑，一家人贫苦无依。刘安衢仅上了 8 年私塾，便弃学以维修钟表为生。

刘安衢父亲刘南星为清末廪生，兼习医术名播乡里。为继承父亲衣钵，在从事钟表维修工作的同时，刘安衢开始自学中医。1911 年，24 岁的刘安衢立下宏志，定要以济世救人为业，听闻有一名医苏渠亭学识渊博，教授学生循循善诱，且要求颇严，于是拜苏渠亭为师。

接下来的 4 年时间内，刘安衢秉承师训，数年如一日刻苦攻读，最终对 5 部经典医学著作领悟精到，并且对要文精义背诵得滚瓜烂熟。在救治了成都名流辜培源后，慕名来刘家求医者络绎不绝。

此后在数十年的医疗工作中，刘安衢不问贵贱贫富、长幼妍媸，皆如至亲之想，医法必析其微，医方必求其确，精于古而不泥于古，遇上疑难病症，总是殚精竭虑，参酌古今，随机妙用，因而能顿起沉疴，屡愈顽疾。

◇ 博览群籍，著书立说

刘安衢的父亲刘南星曾经授他《伤寒六经脉歌》："太阳浮缓风紧寒，中弦少阳明长分；三阴俱沉加弦厥，细而不关是少阴。"据说，此诀是其父备金 30 两而得，平均一字便值一两余碎银。父子二人都认为，购置医籍比购置田房更有意义，田产能够使人获得享乐，但医术可以济世活人。

或许是受父亲的影响，刘安衢毕生倾心于医学，以购置医学典籍为嗜好，即使囊中羞涩也要借贷购进，如《珍本医书集成》《中国医学大辞典》《证治准绳》等。他在自作诗《书怀》中曾表达："年将六十饱星霜，自小应无诮夜郎。博究灵兰缘我钝，深惭潦草利人忙……"为了充实自己，提高作为从医者的底蕴和学识，刘安衢的闲暇时光很少用于游乐，而是闭门向学，专心研究医古文辞，在《壬午偶成》中，他也说："渺茫匡济殊难信，尚欲名山寻导师。"

对所购医学典籍，刘安衢仔细研读，详加考证，他博览群籍，往往会边看边将医史资料、医典条文当中的费解词句过录在他的《杂录》《杂钞医奥》中，对医史人物的略历、治学和方剂"大小缓急奇偶复"等200余条详细注释，经常翻阅，做到了然于胸；又对19种经典医籍进行注解，并择其善者分析，既可探求学术理论，又能结合临床实践；更将旁考诸书的心得体会，记录在所撰《壶居点滴录》《癸未杂著》等手稿之中，并在临床中加以灵活应用，在实践中进行总结。尤其是《壶居点滴录》中还记录了刘安衢从医数十年的大量医案，成为刘安衢从医生涯的重要经验总结。

此外，刘安衢还著有《四诊抉微》一书，序言中专门提道："余故辑良好医话，备乎四诊者，以启我同志……"刘安衢还曾校勘什邡王光甸所著《寒温合编》一书，颇多感慨："惜岁月久淹，翻刻多讹，爱取此四卷，嘱为校雠，亥豕自惭识陋，乌敢妄訾，乃又不获固辞，仅以篇中义理讹错者，正之约计数百字，其有未可通处，尚希阅者再事匡补。"由此可见刘安衢做事的严谨与认真。

◇ 启迪后学，医学传承

刘安衢重视培养中医人才，教学中理论与实践结合，且善于启发。

1937年，刘安衢受聘于四川国医学院，任处方学教授，为普一班、速成班授课。授课时，刘安衢引经据典、旁征博引，内容充实，并辅以丰富的临床经验，颇受学生的欢迎。他亲自教学的学生有133人，遍布全川。有的学生成了杏林名医，有的学生辛勤耕耘在中医教学岗位上。巴县国医学校、四川国医学院、成都中医学院等都有刘安衢的学生。

1955年，刘安衢受聘为四川省人民医院内科医师，负责门诊和疑难疾病的会诊。1957年9月，刘安衢调成都中医学院附属医院任医师，其后任内科组长医师，负责查房兼门诊工作，带领第一届西医学习中医高研班毕业生实习，深受学员欢迎。后来，这批实习生均晋升为研究员或教授。在职期间，刘安衢还先后为进修或实习的学生专题讲授记录自己经验的《壶居点滴录》，以及"湿温病""亡阴亡阳"等专题，毫无保留地传授自己的知识和经验。

1962年，刘安衢病逝于成都中医学院附属医院，享年75岁。时供职于四川省文史研究馆的从弟刘东父为其作悼亡诗，概其一生的业绩和行述：

> 守道如君器善藏，十年劳瘁力扶伤。
> 济人谁乞壶中药，救世犹传肘后方。
> 老病衰亡神不死，弟兄师友谊难忘。
> 匆匆话别才弥月，每读遗诗泪两行。

天地之大，大不过一颗医者仁心。独秀杏林的一代儒医刘安衢，用自己的一生为后人树立了医者的典范，其毕生在中医领域深研精微，救死扶伤，培养了一大批医学人才，直到今天，双流乃至整个四川都还有刘安衢的学生在医疗岗位上辛勤耕耘，全心全意为人民的健康服务。医者是人民生命健康的守护者，也是建设健康中国的主力军，责任重大，使命光荣，今天，广大中医工作者更应站在增强文化自信的高度，全身心投入中医传承创新发展事业，切实把中医药这一祖先留给我们的宝贵财富继承好、发展好、利用好，为推进健康中国建设和增进人民健康福祉做出更大贡献。

胡政之：
一人，一报，一时代

"一部新闻史，半部在大公。"在中国现代史中，如果说"大公报"这三个字无法被抹去的话，那么双流报人胡政之的名字就应该随着《大公报》一起，传诸后世。从主持"英记"《大公报》到创办"新记"《大公报》，从与吴鼎昌、张季鸾组成"三驾马车"驰骋报界到孤身一人独擎"大公"，胡政之的从业史，不仅与《大公报》的发展史密不可分，更真切折射出时代之变幻与国运之浮沉。

胡政之，他代表着一份报纸，也代表着一段历史、一个时代。

◇ "二之"相会，结缘《大公报》

1902 年，英敛之在天津创办《大公报》。那一年，年轻的胡政之正在安庆高等学堂接触中西方的文化精粹。14 年后，风云际会，"二之"相逢——49 岁的英敛之遇见了 27 岁的胡政之，两人一见如故，胡政之即时成为《大公报》记者。从此，胡政之与《大公报》

结下了一生的羁绊。

此后的 4 年中，胡政之不仅采写了大量的新闻，还大胆地对报纸的内容和形式提出全方位的改革意见。正因其卓越的新闻才华，胡政之很快便被英敛之聘为《大公报》经理兼总编辑。这段时间，对于张勋复辟、第一次世界大战等国内外大事，胡政之主持下的《大公报》都进行了及时详尽的报道。他还顺应时代潮流，增设传播新思想的教育、文化、经济等专栏。很快，《大公报》重新赢回了创办时的声誉。

◇ 凡尔赛宫"中国视角"

1919 年 6 月 28 日，巴黎凡尔赛宫，《凡尔赛和约》签约仪式现场，中国代表团的位置空无一人。胡政之作为现场唯一的中国记者见证了这一历史性时刻，写下了通讯《1919 年 6 月 28 日与中国》。

巴黎和会期间，胡政之共向国内《大公报》发回专电 14 篇、通讯 4 篇。这是中国第一次派员采访这样重大的国际新闻，胡政之也被誉为"采访国际新闻的先驱"。他见证了协约国代表和德国代表在巴黎凡尔赛宫签订和平条约的历史性时刻，因而《大公报》所刊载的有关报道在当时同类文章里更具有贴近性和亲切感，并具有极其珍贵的史料价值。这些第一手的新闻报道，填补了"中国视角"的空白，发出了中国人自己的声音，唤醒了中国的民族意识，成为国内五四运动爆发的导火索。巴黎和会结束后，胡政之连续访问了英、法、意大利等国，撰写发表旅游通讯，名噪一时。

1920 年胡政之回国时，《大公报》已奄奄一息，他没有回到天津，而是在北京与林白水合办了《新社会日报》，后又主持了国闻通讯社，创办了《国闻周报》。胡政之独立支撑着国闻社和周报这两个新闻机构，并开设广告部寻求经济独立，这为日后《大公报》的新局面埋下了伏笔。

◇ 忘己之为大，无私之为公

1926 年，天津盐业银行总经理吴鼎昌出资 5 万元，邀胡政之、张季鸾组成新记股份公司接办《大公报》。张季鸾和胡政之此后成为《大公报》鼎盛时期的灵魂人物，携手创造了中国报业的一个高峰。后来，吴鼎昌退出，张季鸾病逝，拉动《大公报》的"三驾马车"只剩下胡政之一人，但他仍以高超的经营才能、遒劲的文思笔力，不断提升《大公报》的新闻报道水准和国际影响力。胡政之主持《大公报》的时间最长，前后共达 27 年之久，在残酷的经营环境下使《大公报》保持了报纸的本色和巨大的影响力。

数十年间，胡政之鞠躬尽瘁，"从未旁骛"，抵制住了各种高官厚禄的诱惑，牺牲了个人的享受。"三驾马车"均在时，他每天上午处理广告、发行事务，下午参加编辑会议、布置记者采访，晚上则与吴鼎昌、张季鸾碰面，纵论时事，交流观点。在这些例行事务的间隙，胡政之甚至会亲自动笔撰写社评，同人说他"犹如一机器人，自早至晚工作 13 个小时，全身心投入报馆事业中"。自1926 年接办到 1936 年移师上海，《大公报》由一家濒于倒闭的地方报，发展成全国性大报，胡政之的身先士卒、呕心沥血，功不可没。

1937 年，抗日战争全面爆发，《大公报》在上海的报馆也处于风雨飘摇之中。据胡政之的孙女胡玫说："祖父当时审时度势，决定请张季鸾先生先行一步，去相对安全的长沙开辟新的舆论场，而他自己则选择在动荡中坚守到最后一刻。"

胡玫还说，当时，《大公报》因为始终秉承客观真实的报道理念，成为日本人的眼中钉，"父亲跟我讲，有一次，日本人直接闯进报社要逮捕祖父，当时祖父却表现得非常平和。事后才知道，当时祖父已经暗暗在衣兜里藏下了硬币，做好了吞币自杀的准备，危急关头，宁肯一死，也决不投降"。

在抗战的烽火硝烟中，《大公报》在极为艰难的条件下，相继创办了汉口版、香港版、桂林版、重庆版。1941年2月15日，《大公报》桂林版创刊时，胡政之在《敬告读者》中指出："本报虽系营业性质，但不孜孜以'求利'，同人虽以新闻为业，但绝不仅仅为'谋生'。"正是这种精神使《大公报》在严酷的战争环境下继续成长，成为中国新闻界最夺目的一面旗帜。

◇ "并世无两"的报业巨擘

1945年，《大公报》如日中天，处于鼎盛时期。也是在这一年，胡政之与《大公报》参与了另一件国际社会的重大事件。

4月25日，旧金山会议召开，包括发起国之一中国在内的50个国家的280多名代表齐聚一堂，商讨和制定《联合国宪章》，创立联合国。参加旧金山会议的中国代表团由10人组成，其中包括中共代表董必武、当时的驻英

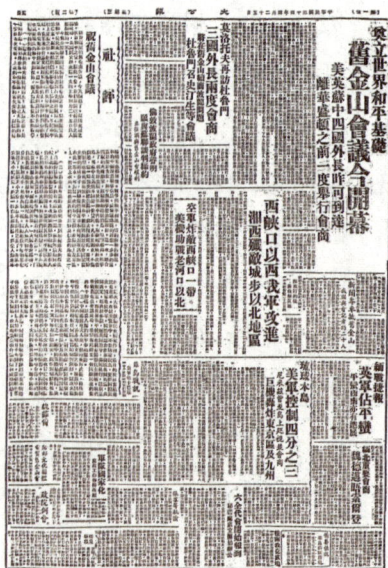

1945年，《大公报》上对旧金山会议的社评

大使顾维钧、前驻美大使胡适、抗战期间带领金陵女大师生在成都华西坝复课的校长吴贻芳等。而《大公报》总经理胡政之，是代表团中唯一的报人。

6月26日中午12时整，《联合国宪章》签字仪式在美国旧金山退伍军人纪念大厦大礼堂举行。当天的《大公报》特别刊发了一条通讯消息，指明此次签字典礼"距一九一九年六月二十八日凡尔赛和约签字之二十六周年仅两日"。对于这两个日期，最为敏感的恐怕当属顾维钧与胡政之。

26年前的6月28日，在一战结束后的巴黎和会上，顾维钧等中国代表拒签和约，这一天被视为最悲惨的一天，但也是这一天，是中国第一次对西方列强说"不"，成为中国外交逐渐走向胜利的起点。当时唯一在场的中国记者胡政之，见证并记录了这一屈辱而又不屈的一幕。而此时，二战胜利在望，中国已成为联合国四大发起国之一，世易时移，风雨沧桑，不能不让顾维钧、胡政之二人百感交集。

在顾维钧、董必武等代表签字之后，胡政之坐到台前，用毛笔在《联合国宪章》上郑重签下了那个曾经署名发表过无数名篇、签发过无数《大公报》版面的名字——胡霖。用笔见证中国历史变革的新闻人，同时在历史上书写下了"浓墨重彩"的一笔。

1919年巴黎和会和1945年联合国成立大会上这两段刻骨铭心的经历，使得后来中国新闻史学泰斗方汉奇评价这位中国报业巨擘时说："胡政之有着中国新闻界'并世无两'的经历。"

1948年4月的一夜，刚刚在香港主持了《大公报》香港版复刊工作不久的胡政之由于长期积劳成疾突然病倒，只得回到上海养病，无奈地暂时告别了心爱的报纸。不料，这次暂别成了永别。缠

胡政之与报馆同人合照

绵病榻一年后，他在上海黯然谢世。他离世第二天，《大公报》上海版发表了他 1943 年写的纪念张季鸾的文章《回首十七年》，他怎么也不可能想到，这篇文章竟也成了对他自己的纪念。

顾梅羹：

毕生心事，尽付古琴

20 世纪 60 年代，沈阳音乐学院主楼的一间琴房中，两壁分别挂着名为"林泉嘉器"与"鸣凤"的古琴，两琴对放，案边摆放着翠竹盆景，窗明几净，室内简洁而素雅。祖籍四川华阳（今成都市双流区）的顾梅羹便是在这一间琴房把自己几十年弹琴的经验体会，毫无保留地传授给了学生。

作为中国最古老的弹拨乐器之一，也是被纳入世界文化遗产行列的唯一一件中国乐器，古琴已经走过了 3000 余年的悠久岁月，这条岁月的长河中，包含着很多古琴演奏家一生的努力与传承，顾梅羹便是一位为了古琴奉献一生的川派古琴大家。

◇ 川派古琴艺术生涯

顾家是华阳的古琴世家，顾梅羹的曾祖父顾庚山，是四川成都的著名书画家；其祖父顾玉成曾任清朝湖南候补直隶州，是近现代古琴

（清）刘彦冲《听阮图》

宗师、川派鼻祖张孔山的亲传弟子。顾梅羹天资聪敏颖奇，自幼由祖母教读四书五经，篇篇皆可背诵如流。幼时即受祖父顾玉成的熏陶酷爱中国传统文化及古琴艺术，12岁开始正式随父顾哲卿、叔父顾卓群习琴，第一曲就弹《醉渔唱晚》，一时在琴坛传为佳话。他的琴艺在这一时期已得到川派之真传，并加入自家所创建的南熏琴社。

　　1920年，各地琴人在上海晨风庐聚会，21岁的顾梅羹与彭祉卿、沈伯重三人同往赴会。在各地琴家名流会集的盛大古琴演奏会上，顾梅羹用家传名琴"飞瀑连珠"演奏琴曲《潇湘水云》《流水》《醉渔唱晚》《平沙落雁》，与彭祉卿、沈伯重琴箫合奏《普庵咒》，获得了与会琴人极高的评价，引起了古琴界的广泛关注。会后，顾

聽阮圖
乙巳五月沐之為
虔山八兄寫意

梅羹又与杨时百、王燕卿、彭祉卿四人一道被史量才邀留在上海申报馆授琴。

1921年，山西太原当局欲振雅乐，建立了山西育才馆和国民师范学校雅乐班，应山西育才馆教务长张芹荪之邀，顾梅羹与彭祉卿、沈伯重、杨友三赴晋任教。顾梅羹传琴曲、授中国音乐史和古代文学，并编写了古琴教材和音乐史讲义，又监制12张新琴。至此，山西乐风为之一振，琴事一胜。三年后，雅乐班停办，琴人们从此天各一方，风流云散，顾梅羹也从山西回到了出生地湖南。

1947年，湖南省立专科学校聘任顾梅羹为该校古琴教授，同时教授古代文学和中国音乐史。由于当时以音乐为主的院校在国内很少，设立古琴专业更是一件奇闻罕事，因此，顾梅羹是湘中专业化传授古琴艺术之先驱。

20 世纪 60 年代初，顾梅羹发掘《神奇秘谱》本《广陵散》，每日打一段，45 天打完全谱，一时在琴界传为美谈。他的琴风，节奏严谨，下指取音极其干净利落而准确，出音遒劲而圆厚，仪态雍容大度，一派谦谦君子之风。处理琴曲，不事小巧，而清奇浓淡，层次井然，无不各尽其妙。顾梅羹的琴艺，充分地反映了儒派琴家的美学观念。

◇ 古琴教学与琴学著作

1956 年，顾梅羹被中央音乐学院民族音乐研究所聘为特约通讯研究员，同时加入了北京古琴研究会。在此期间，他博览群书，研究琴学，并应古琴家查阜西先生邀请，参加琴学工具书《存见古琴曲谱辑览》和《存见古琴指法谱字辑览》的编纂工作。

《存见古琴曲谱辑览》介绍了解唐宋以来现存的 144 种琴书谱集，这些谱集记载了 3365 个不同的传谱以及 658 首琴曲有关资料。《存见古琴指法谱字辑览》是一部古琴指法谱字辞典，它为 3000 多个古琴曲谱提供了全面的集注或集解，也是 1400 多年来几百种弹琴技法解说的集大成。这两部巨著，在中国古琴史上是前所未有的，具有划时代的意义，起了里程碑的作用，成为后人研究琴学、了解琴曲、认识指法谱字及弹琴打谱等最得力且不可缺少的工具书。这两部"辑览"虽是靠集体的力量完成的，但三年间，顾梅羹全力以赴，为此付出了巨大的劳动，做了大量的工作。

1959 年，沈阳音乐学院开设古琴专业，时任沈阳音乐学院院长的著名音乐家李劫夫派民乐系主任朱郁之先生，前往北京将顾

（明）仇英《听琴图》

梅羹聘请到民乐系，专门从事古琴专业的教学工作。从此，顾梅羹成为东北地区音乐院校古琴专业第一人。从此，东北也开放出了传自古代的琴之花。顾梅羹作为第一位在东北从事古琴教学与研究的著名琴家，在东北开辟出前所未有的路径。由于他的勤奋和努力，古琴艺术终于在东北开花结果。"这是丰硕的果实，极美丽的古代花朵。"在这一时期，很多当今琴坛名流都受教于顾梅羹，如顾泽长、丁纪园、丁承运等。

　　1960年，受上海音乐学院的邀请，顾梅羹借调到上海音乐学院民乐系教授古琴，当今琴坛佼佼者，如龚一、林友仁等都曾在上海音乐学院受教于顾梅羹。一年后，顾梅羹返回沈阳音乐学院任教。课余，不论白天晚上，或是寒暑假期，他总是辛勤工作着，完成了琴学专著《琴学备要》初稿的编写。其中，除川派琴曲外，他还发掘整理了《阳春》《白雪》《乌夜啼》《雉朝飞》《石上流泉》《龙翔操》《长门怨》等14曲。这部著述，包括了古琴的构造、装备、演奏规范、指法、手势、琴曲、音律、论说等项内容。一方面，顾梅羹运用大量的文字和数据论述了古琴的音律等问题，概括了古琴的历史、演奏方法和教学理论，对古琴古代的指法、琴曲打谱、古琴美学等都加以精辟的论述，具有独到深邃的见解。另一方面，他详细介绍了古琴的调弦法、左右手的指法谱字，编写了40余首指法练习曲，列举了诸琴派的著名琴曲，使之不仅成为初学者的入门教程，也可为再求深造者提供参考。

这部《琴学备要》既是完备教科书，也是精辟的理论著述。它是顾梅羹从事教学工作几十年丰富经验的总结，记录了顾梅羹的古琴教学从早期的传统模式逐步走向现代化的全过程。这种全面、细致、综合地分析琴学各方面的论著，在中国古琴发展史上是为数不多的，可以称得上"中国现代古琴教育史中的第一本最全面的古琴教科书"，是顾梅羹为古琴的发展做出的又一巨大贡献。

◇ 老当益壮，不遗余力

1980年，顾梅羹与古琴家凌其阵一起组织成立了辽宁古琴研究会，顾梅羹任会长。整个80年代，顾梅羹边教学，边进行琴学研究。1984年4月，沈阳音乐学院为顾梅羹录制了古琴专题艺术片《似闻流水到潇湘》，此时的顾梅羹已经是85岁的老人了，此后却又招收了全国第一名古琴专业硕士研究生。中华人民共和国成立以来，在高等音乐院校里开设古琴研究课的，顾梅羹是第一人。

1985年，顾梅羹带着他珍爱的"飞瀑连珠"琴，出席了在扬州召开的第三次全国古琴打谱会。顾梅羹见到了不少自己教过的学生，感到十分高兴。在这次会上，顾梅羹因眼患白内障未能演奏，只是将"飞瀑连珠"琴交予一学生进行演奏。而白内障手术过后，他又一如既往，每天不是弹琴打谱，就是看书或写作，从未间断，直到 92 岁仙逝，顾梅羹在古琴上用尽了毕生的精力。

顾梅羹将自己毕生的精力和才学，奉献给了民族音乐事业。他一生淡泊名利，与世无争，在中国琴坛辛勤耕耘了 80 年，为古琴事业做出了突出的贡献，尤其是对川派琴学的继承和发展，在中国古琴史上写下了光辉的一页，留下了不朽的篇章。

时代的进步离不开敢为人先的前辈们的努力，他们走在了时代的前面，用勇气和冒险精神开拓创新，引领时代向前迈进。双流人杰地灵，在不同的时代、不同的领域都有创造者们带领大家开拓进取、追求卓越，为双流的未来提供更多的可能性。

　　从编写《经史证类备急本草》创造医学界神话的唐慎微，到以实业救国为己任的樊孔周，还有梦想实业兴国的"保路死事纪念碑"设计师王枬、开"姑姑筵"的川菜宗师黄敬临……他们勇于面对挑战，敢为天下先，用奋发有为的精神带领他人勇敢向前，为双流创造更加美好的未来。

（陆）

敢为人先，奋发有为

唐慎微：
一生行医了却宏大夙愿

北宋皇祐二年（1056 年），蜀中赫赫有名的唐门一个长相奇怪的婴儿降生了：他大得出格的脑袋四四方方，一双黑亮的大眼茫然无措。和其他的婴儿不同的是，这个小娃娃生下来既不哭也不闹，面色冷峻，似乎陷入了沉思，一脸的老气横秋。

全家人都被这个怪娃娃吓坏了，几个婆子嘀嘀咕咕，怀疑这个孩子是妖孽投胎。幸好，这个娃娃接下来一切正常，健健康康，只是为人有点木

唐慎微塑像

讷，不像其他的娃娃那样活泼可爱，讨人喜欢。自从开始认字之后，他就总是一个人钻到书房里，一头扎进旧书堆，常常被家里人忽略掉他的存在。

这个奇怪的孩子就是日后震动大宋的一代医药大家——唐慎微。

◇ 神医之名扬

北宋元祐年间（1086—1094年）的一天，一场夜雨让双流的早晨清新可人。

"夫人，不好了，老爷的风毒病又犯了。"一声呼喊刺破了宇文府的宁静祥和，宇文邦彦身着华服的夫人猛地从座椅上惊起，眼中满是焦虑："这可怎么办？远近的大夫都请遍了，就是不见效。"夫人急得在房中来回踱步，仆人灵机一动："夫人，要不去请城东刚搬来的唐慎微唐大夫吧，听说他年纪轻轻就医术了得。""好，快去请。"

过了大约一炷香的工夫，宇文府里来了一位身姿挺拔的青年，只见他先为宇文邦彦诊脉，接着仔细查看了舌苔、两颊和手臂……经过一番问诊，他说的每一条都符合宇文邦彦的病征，真是厉害。随后，唐慎微略一沉思，提笔在处方纸上流畅地写下一串药名，并仔细交代家人服用方法。家人感激万分。这时，他似乎突然想起了什么，又拿起笔写了几张药方，装进信封递给夫人，信封上还注明了"某年某月某日方可开封"。"老爷、夫人，依我看来，这病不会轻易断根，在特定的时间还会复发几次。要是突然发作，可能一时难请大夫，我给你们留几个方子，到时可以启封，按上面的方法治疗，必定药到病除。"

果然，过了段时间宇文邦彦的病复发了。家里人赶忙取出唐大夫预留下的药方，上面已经按照疾病的不同阶段写好对应的治法和方剂，共有三方：第一个方子治疗风毒再作，第二个方子治风毒攻注作疮疡，第三个方子治风毒上攻、气促欲作喘嗽。宇文邦彦按照

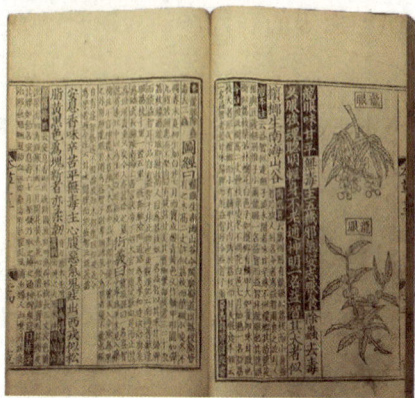

《重修政和经史证类备用本草》书影

书信依次服药，半月后病情就被控制住了。

"唐大夫果真是妙手回春啊！"

这件事很快传遍了街头巷尾，当地的人都叫唐慎微"神医"。

这一段经历也深深地印刻在了宇文邦彦的儿子宇文虚中的脑海里，后来他在为《重修政和经史证类备急本草》撰写跋文时提及此事，以示对唐慎微的敬仰之情。

◇ 神医之怪癖

唐慎微的大名在巴蜀传扬开来，慢慢地，远近的人们都知道了神医唐慎微的三条怪癖。

第一，他给穷人看病从来不要钱，且从不半途而废。而且他不但给他们看病，还会带领他们进山识别草药，教他们学会自救。

第二，他给读书人看病从不收钱，只求病人能向自己提供一些良药的知识，以此来作为报酬。这一规定深得读书人的欢迎，他们在看各种书时，只要发现一味药名、一篇方论，都摘录下来送给唐慎微。

第三条怪癖，最是让人称奇，唐慎微听不得哪里有什么疑难杂症或是新奇药方、医术，只要一听到这样的传言，他必定携带钱物前往，力求见识到，研究透彻！

正是因为如此痴迷地追求医道，不到 30 岁，唐慎微就已经超越了当时蜀中的各位名医。在其名动天下后，朝廷多次召他入朝为官，他皆不为所动、婉言谢绝。作为医家，唐慎微专心专注、淡泊宁静，安然行医、安心著述，并将两个儿子和一个女婿培养成了一代名医。

◇ 神医之夙愿

尽管唐慎微治病如神，但他平素从不炫耀自己的本事，仍是沉默寡言。唐慎微看病时谈症候总是寥寥数语，点到即止，决不哗众取宠。若有人反复问难，唐慎微就会一怒之下不再搭茬。就是这样一位地处西南一隅、行为朴拙的民间医生，心中却有宏大的志愿，那就是完成本草学（中国传统药学）集大成的工作。

在宋代以前，中国的医药书籍几乎全部靠手抄笔录或者口传心授保存下来。在这样的条件下，一本新的著作问世若干年后，要么流失殆尽，要么经过反复传抄，错误百出。这种状况自然大大影响医药发展的速度。同时宋代虽然已经有了印刷术，朝廷也组织人员编写了一些医药著作，但是在官修本草时，对古代的医药书籍也只是进行了选择性的采录和编辑，导致很多资料被遗弃。正因为有这些情况存在，唐慎微极其担忧医药理论的传承。于是，系统地编纂一部完备的药典，尽可能让前人所有的医学知识都能流传千古，从而造福天下苍生，便成了他最大的心愿。

但要收集众多的古代手抄药学资料谈何容易！中国医学浩瀚如银河，各门各类的资料相当庞大。朝廷要编写医学著作都必须成立专门的编写班子，穷尽图书馆的所有资料才能勉强完成。一位名不见经传的民间医生，怎样才能实现这一宏愿呢？

不过唐慎微马上意识到自己是个医生，完全可以利用这个优势一边看病，一边去各地搜集药方。另外在当时的成都，每年还有药物展会，届时南来北往的药商都会把各种药材带到展会上。唐慎微便充分利用这个机会，收集药方，得到许多失传已久的古代用药法则。

唐慎微还利用自身的优势，想出了一个绝妙的办法。唐慎微想，读书人接触的书多，让他们来帮

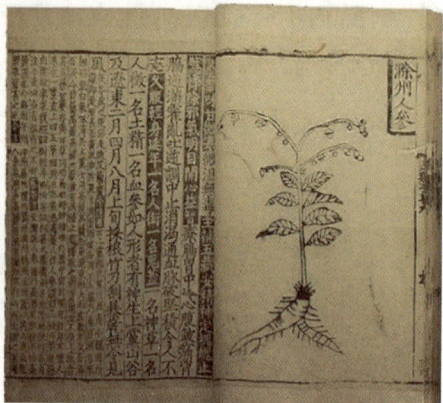

《经史证类备急本草》书影

着自己收集资料不是更好吗？于是便有了世人皆知的第二条怪癖。

寒来暑往，在众人的帮助下，唐慎微开阔了眼界，收集了大量医药资料，为日后的写作打下了良好的基础。依靠这些资料，唐慎微终于编成了本草史上划时代的巨著《经史证类备急本草》（简称《证类本草》）。

《证类本草》是集秦汉到北宋药学之大成的著作，具有极高的学术价值、使用价值和文献价值，问世后，历朝修刊，并数次作为国家法定本草颁行，沿用 500 多年。由于其内容丰富而全面，《证类本草》也成为后世各类本草著作的基础，李时珍就以唐慎微的《证类本草》为蓝本，编撰了传统药学的巅峰之作《本草纲目》。李时珍称赞唐慎微："学识博，使诸家本草及各药单方，垂之千古，不致沦没，皆其功也。"《证类本草》不仅在我国影响巨大，在世界医学史也具有很重要的地位。英国学者李约瑟博士曾高度赞扬《证类本草》"要比 15 和 16 世纪早期欧洲的植物学著作高明得多"。作为北宋本草的杰出代表，此书达到了空前未有的高水平。而唐慎微作为一位民间医生，依靠个人的力量，独立完成了如此宏伟精湛

的药学巨著，不能不说是医学史上的一个奇迹。

◇　神医之传承

从神农尝百草以身殉道到明代李时珍写《本草纲目》成就中医瑰宝，中国医学在漫长的历史嬗变中不断演绎着传奇。无数医学家用毕生精力不断探索新的道路，不为荣华显贵，只愿普渡众生。作为医生，唐慎微医者仁心，潜心钻研，成就医学名著；作为读书人，他不慕富贵，以宋儒思想来导引自己的人生之路。他当初编写《证类本草》时最大的心愿本来只是要挽救散佚的珍贵药方，可是他不知道，自己了却的这个心愿却创造了医学界的神话。

"生命可敬！医者可亲！"今天的双流医者，矢志传承唐慎微的奋发精神，在平凡的岗位上时刻牢记职业赋予的神圣使命，扣紧生命和医者的纽带，为无数人带去温暖的奇迹。他们响应党的号召，弘扬敬佑生命、救死扶伤、甘于奉献、大爱无疆的精神，全心全意为人民健康服务，在疾病预防治疗、医学人才培养、医学科技发展等方面发挥了重要作用并取得了丰硕成果，涌现出一大批医学大家和人民好医生。特别是在面对重大传染病威胁、抗击重大自然灾害时，广大医务人员临危不惧、舍己救人，赢得了全社会高度赞誉。他们的义无反顾、勇往直前为双流唱响了一支支壮丽的生命之歌，谱写出了一篇篇华美的生命图卷。

费著：
整理与传播"天府文化"的先驱

唐宋时代，以成都为中心的四川地区经济空前繁荣，文化发达，人才辈出，是四川古代史上继秦汉之后又一个发展高潮。唐宋时期成都的繁荣富庶，引后代无数人向往。清乾隆年间，《四库全书》的总纂纪晓岚就曾感慨唐宋时期成都的繁华："成都自唐代号为繁庶，甲于西南。其时为之帅者，大抵以宰臣出镇，富贵优闲。岁时燕集，浸相沿习……其侈丽繁华，虽不可训，而民物殷阜，歌咏风流，亦往往传为佳话。"

时光流转，历史无法再现，所幸元代的史官、来自双流的费著所整理的"七谱""一记""一考""一序"，即《岁华纪丽谱》《蜀锦谱》《笺纸谱》《楮币谱》《氏族谱》《钱币谱》《器物谱》和《蜀名画记》《成都周公礼殿圣贤图考》《成都志序》，详细记述了唐宋时期成都的人文历史、民情风俗、娱乐游宴、土特物产、饮食文化、书画艺术等，流传至今，成为研究古代成都风物民情的重要史料。而费著本人，也因此成为整理与传播"天府文化"的先驱，他的名字，将与成都的历史共存。

◇ 《岁华纪丽谱》

自唐至宋，中央常有宰臣出守成都，燕集游乐，此风气至南宋因战乱而衰落。费著追述旧事，便整理编撰了《岁华纪丽谱》。《四库全书总目提要》说："著因追述往事，集为此书。自元旦迄冬至无不备载。其体颇近《荆楚岁时记》，而盛衰俯仰，追溯陈迹，亦不无《东京梦华》之思焉。唐韩鄂有《岁华纪丽》为类事之书。此谱盖偶同其名，实则地志也。"

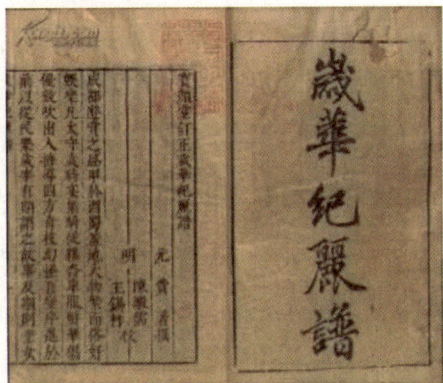

《岁华纪丽谱》书影

《岁华纪丽谱》是记叙唐宋成都民情风俗、游乐景观的专志，它按照时间顺序详尽记载了从正月元日至岁末冬至的各个节日成都官府、百姓游乐庆贺的全过程，描绘生动、细致而深刻，将成都浪漫文雅的城市内涵和人文精神体现得淋漓尽致。

由于影响很大，历代关于唐宋成都社会民俗的研究著作，无不引用《岁华纪丽谱》的记载。

◇ 《蜀锦谱》

《蜀锦谱》记载了宋代成都织锦业的发展和工艺，是研究古代蜀锦的专书。全书分《概述》和《名色》两个部分。《概述》部分扼要阐明蜀锦的悠久历史，直到宋代蜀锦发展到鼎盛时期。《名色》部分阐述蜀锦的品名，共 120 个名种以及茶马司锦院所产的 20 余个品种，其中北宋有八答晕锦、盘锦、大窠狮子锦等 12 种，继承了隋唐织锦而又有所发展；南宋有粗、细两种，主要产于黎州（今四川省雅安市汉源县）、文州（今甘肃省陇南市文县）、南平军（今重庆市綦江区）、叙州（今四川省宜宾市）等地。

《蜀锦谱》叙述了古代四川地区锦院建立的历史，织锦的生产分工、产量及用途，并详细描述了宋代成都转运司锦院和茶马司锦院所产织锦的各种花色、品种，对于研究蜀锦的历史和宋代蜀锦的装饰花纹，具有重要的参考价值。《蜀锦谱》对蜀锦图案记述尤详，如大百花孔雀锦、青绿如意牡丹锦、真红穿花凤锦等细色织锦出现了写生折枝花鸟等新图案，对元明清的织锦产生了深远的影响。《蜀锦谱》虽文字不多，但内容丰富，所载内容多是其他文献所没有的，是研究中国纺织史特别是丝绸艺术史的珍贵文献。

◇ 《笺纸谱》

《笺纸谱》详细记载了成都"蜀纸"和"蜀笺"的产生源流、作坊分布、行业风俗、纸笺分类，是研究成都造纸业历史的重要资料。

西蜀在唐代就已经成为全国的重要造纸中心，四川生产的黄、白麻纸，为朝廷指定的官方用纸。而除了以麻为原料外，唐宋时期四川造纸也以树皮为原料，常见的是用桑科的构树皮制作的皮纸，

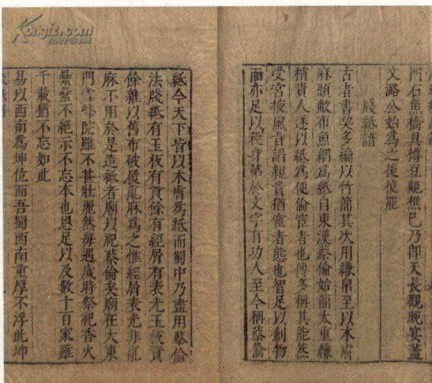

《笺纸谱》书影

称为楮纸，又称谷纸。当时广都生产的楮纸量大质好，流行一时。

宋应星《天工开物》记载的造楮纸法是："凡楮树取皮，于春末夏初剥取……楮皮六十斤，仍入绝嫩竹麻四十斤，同塘漂浸，同用石灰浆涂，入釜煮糜"，然后漂洗、舂捣成纸浆。与宋应星的说法稍有不同，成都人没有添加竹料，而是尽用楮皮。《笺纸谱》记载："广都纸有四色，一曰假山南、二曰假荣、三曰冉村、四曰竹丝，皆以楮皮为之。"《笺纸谱》还详细记述了四大品牌楮纸名的由来：广幅而不用白粉者，叫作假山南；狭幅而用白粉以浆涂纸面，再砑光（用石磨纸面），使纸质白净者，叫作假荣；造于冉村，用村边溪流的清水洗涤纸浆，纸质洁白者，叫作冉村；造于龙溪乡，轻细柔韧者，叫作竹丝。"而竹丝之轻细……视（比）上三色价稍贵。"

宋代，成都楮纸销量和影响力甚至超过麻纸。究其原因，一是楮纸工艺日臻完美，二是成本低于麻纸。麻既用于造纸，也是织布原料，宋代朝廷在四川采取先支付布钱给百姓的所谓"和买"方式，尽量多收购麻布，鼓励百姓多织麻布，以供士兵的春衣。于是麻可用作纸料的数量大幅减少，麻的价格也随之上涨。而造楮纸，除将楮树皮剥下用于造纸外，树木其余部分则当作柴火，足够煮树皮之用，可谓两全其美。

◇ 《楮币谱》

纸币的产生是中国也是世界古代经济史上的一件大事。世界上最早的纸币——交子，产生于北宋时的成都，"制楮为券"，即是用楮纸印刷的，对宋以及宋以后的纸币发行产生了极其重要的影响。交子的出现是北宋时成都地区经济繁荣、工商业高度发达的重要标志，同时也进一步促进了成都的繁荣发展。

《楮币谱》详细地记载了交子的产生过程，以及南宋庆元三年（1197 年）以前四川地区纸币交子和钱引发行中的重大事件，还记述了印制钱引的数量、名称以及颜色。其中，《楮币谱》中关于成都设立专门制造纸币用纸的钞纸场的记载，以及关于南宋四川钱引图案、样式的详细记录，为宋代纸币发行史料之少见，是今天我们研究世界上第一种纸币的重要文献依据。

费著的其他"三谱"以及"一记""一考""一序"也从不同角度系统地记载了唐宋时期四川地区尤其是成都的文化风俗、手工业等方面的发展变迁情况，独具史学价值。

2000 多年的传承和积淀，使成都这座城市表现出与众不同的文化特色和精神气质。费著作为成都双流人，秉承对家乡的热爱、对历史的敬畏，勇于担当，敢于尝试，敢于探索，最终给后世留下了这些宝贵的文化遗产。费著的 10 篇著作，对成都风物民情的记述，

（元）赵孟頫《山水图》

为我们再现了古代成都丰富多彩的社会生活画卷以及文化特质形成的历史渊源，成为我们今天研究唐宋时期成都历史风貌的重要文献依据。历史车轮滚滚向前，时代潮流浩浩荡荡，费著身上的这种精神力量穿越时空，指引并激励着今天的双流人牢记初心使命，奋勇搏击，昂扬向前，去实现伟大梦想！

樊孔周：
以实业救国为己任的川商奇人

如果非得形容川商的特质，也许用"果敢创新、落到实处"八个字甚为恰当。四川人以其血液中求实勤劳的性格赢得了市场的认可，其凭借敢为天下先的精神开创了南方丝绸之路，推动着时代的进步，贯穿于时光河流的中轴线，成为商帮团体中耀眼的存在。

求实勤奋是川商给人们的第一印象，他们以实际行动告诉每一个身边的人：商人的意义，不在于贱买贵卖谋取财富，而在于脚踏实地帮助每一个有需要的人，互助互利，实现自身价值最大化。19世纪末20世纪初，华阳县学增生樊孔周便是在国势衰微之时立志实业救国的一代川商传奇。

◇ 开办二酉山房，首创免费阅读

19世纪后半叶，列强入侵，国事日非，眼见此情此景，20余岁的樊孔周由于受到维新思想的影响，心生"文化救国、实业致富"

的理想，果断弃学从商。同治光绪年间，尽管沿海城市的风气已经比较开化，但四川的风气仍较闭塞，偌大一个省会所在地成都，竟连一家新式书店都没有。虽然学道街的志古堂、东桂街的尚友书房较为出名，但也是老式书铺。

为一改社会贫弱的风气，1884 年，樊孔周与人合作在成都学道街开办了第一家出售铅印书刊的新式书店——二酉山房。

唐陆龟蒙有诗云："二酉搜来秘藏书。""二酉"乃大酉山和小酉山的并称，在今湖南沅陵县境。据《元和郡县志》记载：秦始皇焚书坑儒时，一些儒生为了避祸，逃到二酉山隐居，并带去一些逃脱秦火的禁书藏匿且秘密流传。二酉山因而成为我国文化史上隐匿秘籍和禁书的代名词。樊孔周将书店取名"二酉"，令人一看就知道它的不同凡响：公然标榜出售禁书，若不是有过人的胆略，若不是对现实有满腔的激愤，又何能如此？

二酉山房一开张，不但有书架橱窗、新式店貌，而且陈列了《明夷待访录》《戴南山集》《扬州十日记》这些"大逆不道"的禁书，还有《天演论》《民约论》《革命军》，以及康有为、梁启超、孙中山、章太炎等人的著作，书籍跨度广，内容丰富。

由于当时清政府迂腐无能，导致国家民不聊生，樊孔周创办二酉山房后还一直寻思如何能够利用书店提高国民政治意识。最终，樊孔周推陈出新，开创了免费阅读的先例，开设陈列书刊专柜，供新式学堂学生免费阅读。此举在当时引起了轩然大波，对于传播西方民主主义思想有强烈的推进作用，同时大量青年学子的政治意识因此得以提升。这对沉寂的成都知识界，无异打了一个惊雷。

樊孔周开创的免费阅读先例不仅仅改变了当时人们的政治意识，同时对于图书馆的理念革新有较大影响，改变了中华千年来图书馆的运营模式，直至今天，大大小小的图书馆依然沿用着他的运营思路。

◇ 牵头兴建劝业场，改变人民生活

1905 年，成都总商会成立，樊孔周以图书帮帮董身份介入管理商会。1908 年，四川劝业道道台周善培举荐樊孔周出任成都总商会会长助理。也是在这一年，成都集股修建劝业场，公推樊孔周为筹备负责人。为造福群众，促进社会和谐发展，樊孔周制定集股章程、施工方案，并约集各界川商，以最快的时间集股 4 万两用于兴建劝业场。

劝业场于 1909 年 4 月 22 日建成开场，这是当年成都第一大商品集散卖场，在整个中国西南也是独树一帜，轰动全城。成都自古是商贾云集之地，劝业场的开办使成都的商业又进入了新一轮的繁华兴盛。劝业场由此成为成都近代第一个物流中心，从而使成都成为西南最大的商贸重镇。劝业场可谓古老成都走向现代的里程碑。

次年，劝业场更名商业场，并大量引进商家进场，提高川商的生存空间与百姓的就业率，致力于为群众做实事，将利益落到实处。

1909 年劝业场竣工前夕，樊孔周又筹股集资白银 3 万两，创悦来公司，自任董事长，建起了悦来电灯厂。由此，劝业场内家家户户都安上了电灯，每天黄昏时分，前后场口就里三层外三层挤满了来看洋灯的人。当时成都人烧火做饭用的是柴火，点灯用的是洋油（煤油），电灯的出现让人眼睛一亮。当时用的是小型发电机，故不能满足大多数用户的要求，只能作为点缀让人观赏，普及电灯是多年之后的事情了。

劝业场水池建在华兴正街，场内用户得雇人去蓄水池挑水，被嘲为"人挑自来水"，但在成都也算是开天辟地第一回。成都当年有专门的挑水夫，虽说每一条街巷和大的院坝都有水井，但河水才是首选的好水，所以就有挑夫专门替人挑水以供应家用。特别是茶馆，如果用的不是河水是无人光顾的。鉴于用水不便，樊孔周又联合一些商界人士成立了利民自来水公司，从南门万里桥下锦江中抽水用管道输送各处。自来水的出现，使成都人的生活发生了重大改变。

除此之外，为了使当时川商有足够的资金加入商业市场，樊孔周还建立了信立钱业有限公司，这是成都第一家具有银行性质的私营金融机构。樊孔周的一系列运作不仅仅为当时成都百姓创造了更完善的就业机会，还为辛亥革命提供了充足的后勤保障。

◇ 创办出版公司，保存重要文献

1910 年成都文明日进，印刷业务大有应接不暇之势，樊孔周便在总府街昌福馆创办了成都最早的新式印刷公司——昌福印刷公司，并将其发展成为全川首家设备完善较为先进的印刷厂。

昌福印刷公司规模很大，不但有铅印石印，还能自制字钉铜模，兼有套印彩色的设备，这在成都还是第一家。公司成立后，先后出版了《蜀藏》丛书、《中华法令全书》及其他社会文史书籍，对保存和传播四川文献都起到了积极作用，实现了社会效益、经济效益双赢。

昌福印刷公司不仅出版书刊，它的铜版彩印也颇著名。成都大画家刘梓谦的指头画四幅——一曰剑阁天下雄，二曰离堆天下奇，三曰峨眉天下秀，四曰巫峡天下险，经昌福公司铜版彩印出售，立即被人抢购珍藏。1914 年巴拿马赛会还专门委托四川出品协会征集这四幅彩印，展出后，受到国际友人的重视。

从二酉山房到昌福印刷公司，樊孔周对成都的印刷出版业发展起到了积极的推动作用，在传播西学、导入西方民主思想，弘扬反帝反封建革命理念方面功不可没。同时，"二酉"与昌福公司为古老的学道街添上了一缕飘扬后世的墨香，成为成都历史上不可磨灭的辉煌。

1911 年，四川保路运动爆发，樊孔周为了保障群众利益，特以企业名义罢粮罢税，成为一时佳谈。辛亥革命后，樊孔周为提高国民素质与水平，创办了成都第一家晚报，并致力于报刊的改革，直至离世。

踏实为民、务实奉献是历史对樊孔周的最高评语，同时也是市场给予川商最中肯的评价。直至现在，川商群体中依然不乏这种具有社会责任心的企业家。现今的双流企业家们，在以樊孔周为代表的川商务实精神引领下，把敢为天下先的果敢精神融入商界之中，形成了商界一面独特的旗帜。

冯元勋：
为振兴中华秉公选才

1919 年 6 月 2 日，冯元勋站在锦江码头，向船上的学生们挥手告别。看到又有一批优秀的孩子即将前往法国勤工俭学，他欣慰地笑了，等到他们学成归来，我们的国家又会多一批出色的专业人才，为建设祖国贡献自己的力量。船上的学生中，陈毅兄弟站在甲板上，看着冯元勋老师的身影越来越远，回忆起在学校的点点滴滴，泪水模糊了视线。

冯元勋十分看好陈毅、陈孟熙兄弟，他们俩因交不起学费退学后，看到"中国留法勤工俭学成都分会留法预备学校"的招生信息，前来报考，最终以优异的成绩被录取。在学校，陈毅兄弟十分珍惜学习的机会，读书刻苦用功，冯元勋非常关心自己的学生，他常常把陈毅叫到家里吃饭，还为他补习法语。在学好书本知识的前提下，冯元勋又鼓励学生们阅读课外书籍，开阔眼界，因此在学生中很有声望。

这批学生共有 150 人，一年学习期满后，在结业考试中进入前

30 的学生，将会获得前往法国勤工俭学的机会。考试前，陈毅兄弟前去拜访冯元勋老师，问出了心中的疑惑："请问冯先生，考试是真考还是假考？倘是真考，就须按真实成绩排列名次，倘是假考，就不必做官样文章了。"冯元勋正色答道："我办教育是为了选拔栋梁之材，振兴中华。考试当然是真考，我决不会同意舞弊的，你们放心好了。"冯元勋秉持教育兴邦的理想公正选才，为我国培养了一大批青年才俊。

◇ 前往海外艰难求学

清光绪六年（1880 年），冯元勋出生于四川华阳。他的父亲是秀才，在村塾中教书，因此冯元勋在 4 岁时就在村塾渑池书屋中跟随父亲读书。父亲对冯元勋的要求非常严格，如果发现有差错，便会加之棍棒。冯元勋的童年时光是在苦读中度过的，不论是寒冬还是酷暑，没有一天间断，加上冯元勋天资聪慧，他很早就能写文章了，试辄高第，十几岁时便崭露头角以科考入庠，在乡间以学识而闻名。

1900 年，因庚子事变造成骚动，冯元勋跟随家人去省城避居，进入华阳小学堂就读。3 年后秋试，冯元勋以优异的成绩入选东文学堂，虽然家中贫寒，常以破衣蔽体，但冯元勋学业优秀，成绩多次位居榜首。第二年春天，经四川总督锡良擢拔，冯元勋被选派去比利时留学，学习先进的技术，为修筑川汉铁路做准备。冯元勋先是去法国学习基础学科，后以优异的成绩考入比利时列日大学矿冶系，肄业四年又转入比利时蒙斯工学院矿冶系就读。

求学期间，冯元勋多次去矿井、冶炼厂等地实践，将书本上的知识与实际情况相结合，让自己的技术更加扎实。1914 年，冯元勋毕业时正好赶上第一次世界大战爆发，比利时陷落后他辗转来到伦敦暂避，等待发放毕业文凭。1915 年，拿到文凭的冯元勋终于可以回国了，他先乘船来到挪威，然后经过瑞典、芬兰到达俄罗斯圣彼得堡，从西伯利亚进入中国，终于在年末到达了成都。冯元勋先后历经 10 年，一路辗转，终于将先进技术带回了祖国。

◇ 实业报国无门转行教育

回到祖国之后，冯元勋面临的却是军阀混战的局面，国家没有余力去搞建设。虽然冯元勋掌握了先进的采矿、冶炼专业知识，但他的满腹经纶却没有用武之地，别说工程团队了，在当时的局势下，连稳定的社会秩序都无法保证。在民生凋敝的背景下，冯元勋实业报国的理想破灭了，但他振兴中华的决心一直存在，誓要改变国家羸弱的局面。在建设厅、实业厅等地供职结束后，冯元勋转入了教育行业。

冯元勋先后出任四川外国语专门学校校长、四川留法勤工俭学会教育长、成属联立中学（今石室中学）校长、志诚高级商业职业学校校长、成都大学教授、四川大学教授等职，其间如有需要，他还会义无反顾地发挥自己的专业才能来报效祖国。抗战期间，冯元勋就前往经济部采金局担任工程科长，充分发挥自己的专业才能。

学贯中西的冯元勋在教育方面也颇有心得，他崇尚实用的知识，不喜欢故弄玄虚舞文弄墨。冯元勋治学严谨，正直清廉，做事前总要经过深思熟虑，所以行事十分谨密。冯元勋平日里喜欢寄情于诗词，将自己的所思所想记录下来，但可惜的是，他的诗文大多散佚。留存下来的诗词中，有一首《感时》记录了冯元勋的爱国之情：

无定河边骨屡空，几家闺怨撼飞蓬。

江山摇落涵秋气，狐鼠趋跑入故宫。

退居两川犹杀敌，孤凭之岛敢称雄。

痛饮黄龙终归我，伫盼华威慑犬戎。

◇ 为振兴中华秉公选才

在蔡元培、吴玉章的积极倡导之下，中国兴起了勤工俭学的热潮。冯元勋凭借自己的留学经验和多年在教育界的工作经验，成为成都赴法勤工俭学会的负责人。在为国选才期间，冯元勋始终秉持公正的态度，仔细挑选能够振兴中华的青年才俊，陈毅兄弟就在其中。

1917 年，因家中无力负担学费，陈毅兄弟从工业学校退学。这时，"中国留法勤工俭学成都分会留法预备学校"招生广告中的"免费"一词引起了他们的注意，两人的成绩都符合留法预备学校的要求，因此陈毅兄弟俩被双双录取。为了争取免费留学的机会，兄弟俩日夜苦读，冯元勋老师也给予他们很多帮助，常常为他们补习。最终，陈毅、陈孟熙兄弟分别以第 13 名和第 14 名的成绩获得了公费赴法留学的机会。

这批学生离开后，冯元勋又继续培养下一批赴法留学的人才，为我国的发展不断输送新鲜血液。陈毅回国后，投身于抗日战争之中，带领队伍上阵杀敌，冯元勋得知此消息后，写下诗文鼓励，托人寄给陈毅，但不知是否达到陈毅手中。中华人民共和国成立后，陈毅多方寻找恩师冯元勋，才得知老师早已在 1943 年去世。

多年来，中华儿女一直为中华民族的伟大复兴不断奋斗，前辈的精神一直激励着我们奋勇向前。从双流走出的伟大矿物学家、教育家冯元勋为挽救国家危亡贡献了自己的一生，在实业报国无门后，他没有气馁，而是坚定地寻找另一条路，为中华民族的解放和进步事业添砖加瓦。在祖国繁荣昌盛的今天，冯元勋如同一位灯火阑珊处温暖的引路人，引领双流儿女奋发图强，让伟大的祖国更加强大。

王栐：
梦想实业兴国的"保路死事纪念碑"设计师

今天，当我们漫步于绿树环绕下的成都人民公园，顺着公园内的石板小路向西北方向走去，便会有一座高高耸立的黑白纪念碑映入眼帘，这便是辛亥秋保路死事纪念碑。碑上的字体沧桑而遒劲，一撇一捺的笔锋仿佛折射出当时的特殊环境。此碑特为纪念辛亥保路运动死难烈士而建，成为成都近代标志性建筑，经受百年风雨洗礼后，仍然是成都重要的历史遗存。但很少有人知道的是，其设计师兼总监工是留日归国的双流大铁路公司股东代表王栐。

◇ 东渡日本学习铁道知识

清光绪九年（1883 年），王栐出生于双流县擦耳岩（今属成都市双流区彭镇），他童年和少年时期接受的都是传统教育，由县学童生进入成都府学成为附生。清朝末年，科举制被废除，各种新式学校兴起，王枬也渴望改变国家贫弱的现状，寻求机会学习西方的先进知识和技术，于是进入成都铁道学堂读书。

光绪三十一年（1905年）6月，邮传部的官员前往成都，招收公费留学日本的学生。王枬不愿错过这次千载难逢的机会，也前去报考，最终以优异的成绩被邮传部录取，并于第二年9月前往东亚铁道学校学习。这所学校专门为中国留学生所设立，当时刚刚成立，是岩仓铁道学校的分支，专门教授铁道知识，并开设高等工业相关课程。入学后，王枬抱着实业兴国的理想，刻苦学习先进技术。王枬先是学习了日语和基础课程，达到了进入本科的要求，然后系统深入地学习了有关铁道的各种知识和技能。3年后的宣统元年（1909年），王枬学成回国，梦想着大干一番兴国的事业。

王枬前往京城，等待朝廷分配工作，准备大展拳脚。终于，王枬等到了朝廷授予他的证号934，这个数字代表他正式成为被清政府承认的第934位日本留学生。但是，在拿到证号之后，王枬就再也没有得到任何来自朝廷的消息。原来，当时国家积贫积弱，清政府又腐败无能，早已将修筑铁道的大权让给了外人，致使大量留学归来的中国技术人才失去了以实业报国的机会，王枬就是其中之一，他的拳拳爱国之心被那个时代所辜负。

◇ **设计双流最早的公路**

眼看报国无望，王枬愤然离京，回到了家乡双流。

在家中居住的日子里，王枬时常与同乡彭聿宽一起聊天，彭聿宽也曾在日本留学，学习铁道相关知识，两人的抱负都得不到施展，有许多共同话题。两人都想用自己所学为家乡做点什么，经过讨论，王枬和彭聿宽决定修建一条乡间马路。

王枬和彭聿宽合作，用最简陋的皮尺和竹竿测量地势，设计出了从双流县经彭家场到擦耳乡的乡间马路。这是一条具有现代公路雏形的道路，也是双流县在清末自行设计、自行施工的最早的一条公路。王枬和彭聿宽，两位满腔爱国热情无地抒发、雄心壮志无法实现的年轻人，用自己的所学为家乡父老提供了便利。

◇ 组织保路同志军支援斗争

宣统三年（1911年），清政府与英美德法四国财团签订川汉铁路和粤汉铁路合同，肯定了他们的借款筑路权，并接收川粤湘鄂四省的铁路公司，将民间自筹修路的款项吞并。清政府的做法引起了公愤，四川各地都成立了"保路同志会"，以"破约保路"为口号，向政府展开斗争。身为双流铁路股东分会的股东代表，王枬也积极投身到保路运动中，他前往成都参加川汉铁路公司股东大会，为后续工作做准备。

7月，四川总督赵尔丰抓捕了保路同志会的蒲殿俊、罗纶、张澜、颜楷等领导人，听闻消息的人民群众一起来到督院街总督衙门请愿。面对和平请愿的群众，川督赵尔丰居然下令开枪，射死了32人，被射伤的人更是无法计算。"成都血案"发生后，四川人民举行了武装起义，反抗帝国主义和封建主义。王枬在成都目睹了血案，他赶紧托同学中的同盟会会员返回双流，将当地的保路同志军组织起来，以支援成都人民的武装起义。

为了镇压这场起义，清政府从湖北调兵，此举造成了湖北的兵力空虚，武昌革命党人顺势发动起义，打响了辛亥革命的第一枪。

孙中山曾说过："若没有四川保路同志会的起义，武昌革命或者要推迟一年半载。"可以说，保路运动是推翻清王朝的导火索。辛亥革命胜利后，川汉铁路总公司决定修建一座纪念碑，用来纪念在保路运动中死去的人们。

◇ 设计图三易其稿

1913 年 5 月，铁路公司董事会决定修建纪念碑，聘请王枬为总监工，并负责纪念碑的设计。接到消息后，本来在川汉铁路宜昌路段工地任工程师的王枬连夜赶回成都，出任建碑工程师，准备就绪便开始着手进行纪念碑的设计工作。

第一次图纸绘出，碑的形制很小，造价预算仅 2000 两库平银。董事们甚为失望，认为设计规模太小，不足以显示天府之国对保路死事永志纪念的气派。铁路公司表态：为造这座纪念碑，愿倾其所有，"建议雄壮之纪念碑，以纪念既死诸人"。

王枬理解董事会意图后，又精心对图纸进行了先后两次修改，最终以第三稿定稿。这就成了我们今天见到的纪念碑的样子。

◇ 辛亥秋保路死事纪念碑

纪念碑的最初选址在四川总督衙门，这里既是赵尔丰关押蒲殿俊等人的地方，又是"成都血案"的发生地。然而，总督衙门所在的督院街非常狭窄，如果要建造纪念碑，还要拆除许多民房，十分不方便，于是选取了可以看到公园和流水的少城东市，也就是今天的人民公园。董事会又邀请了古建筑大师傅炳森负责承建，耗时 10 个月，纪念碑于 1914 年 9 月竣工。纪念碑落成之后，董事会原本要在其周围种植松柏梅竹，并建造祭坛等附属建筑，但因四川局势动荡，最终没有实现。

纪念碑坐北朝南，系砖木结构，由台基、碑座、碑身、碑顶四部分组成，全碑呈方锥体，碑高 31.86 米。碑台仿照铁路月台修建，呈圆柱形。碑座与碑身为方锥形，其中碑座分四层，四面分别为铁轨、火车头、信号灯、转辙器、

辛亥秋保路死事纪念碑

自动连接器的浮雕图案；碑身四面嵌有长条青石，刻有"辛亥秋保路死事纪念碑"字样，每个字大小约有 1 平方米。碑顶高约 6 米，上有琉璃瓦顶，并有二龙戏珠图案和云龙、蝙蝠等装饰，象征碑高入云，并含有"祈福"之意。纪念碑整体典雅宏伟，设计风格兼具近代西方与中国传统样式，是当年中国不可多得的折中主义建筑之一，充分体现了设计师王枬的美学风格。

历经百年沧桑，这座辛亥秋保路死事纪念碑至今仍然巍峨屹立在成都人民公园内，它见证了这座城市里发生的一次伟大运动，见证了四川人民的不屈脊梁。作为纪念四川保路运动的重要实物资料，它对加强爱国主义教育和四川近现代史研究具有重要价值。

王枬作为辛亥秋保路死事纪念碑的设计师，以其作为第一批留

学生所学先进理念，结合对革命运动的眼见所感，创造性地设计出了这座屹立百年的纪念碑，为中国的建筑和文化事业做出了卓越的贡献。王枬也凭借其在设计中所做的开拓与突破，成为双流儿女敢为人先、勇争一流的卓越精神标杆。

黄敬临：
开"姑姑筵"的川菜宗师

1930 年，赋闲在双流家里的士人黄敬临与家人商量，打算重操旧业，在成都开一家饭馆，听了哥哥的想法后，妹妹笑坏了："哥哥，你哪里是做生意的材料？你怕只能办个'姑姑筵'，玩玩小孩儿过家家的游戏。"不料黄敬临听了妹妹的话，豁然开朗，拍手叫好，决定饭店就以此为名。

所谓"姑姑筵"，本是四川小儿模仿大人做饭炒菜的一种游戏，类似于"办家家酒"，当年在成都一带风靡一时，小炉子、小锅铲、小菜刀在杂货铺里都能买到。今天看来，黄敬临之所以以"姑姑筵"为名，估计是文人脸皮薄，意思是说自己属票友下海，游戏而已，这从他为饭馆大厅写的对联上也能看出。

学问不如人，才德不如人，只有煎菜熬汤，才算我的真本事；
亲戚休笑我，朋友休笑我，安于操刀弄铲，正是文人下梢头。

不料，"姑姑筵"虽名为游戏，却成就了黄敬临这位川菜宗师。

◇　弃政从商的文人

黄敬临少时受业于成都"五老七贤"之一的徐炯门下，毕业于四川法政学堂。师出名门，又考取过清末秀才，黄敬临受到了慈禧太后的赏识，曾在光禄寺供职，得四品顶戴，被称为"御厨"。

民主革命时期，黄敬临先后担任射洪、巫山两县知事，后因厌恶官宦生涯，不愿"给军阀当走狗"而弃政从商，一度被聘为省立成都女子师范的烹饪课教师，分熏、蒸、烘、爆、烤、酱、炸、卤、煎、糟十门，教授学生烹饪，由于生动有趣，颇受学生欢迎。

但教人做菜总还是不过瘾，后来在时任成都通俗教育馆馆长卢作孚的帮助下，1925 年，黄敬临在成都少城公园开了一家饭店，取名"晋龄饭店"。"晋龄"与"敬临"川音同音，黄敬临不欲以真名示人的心态非常明显。他亲自掌灶，以软炸扳指（即大肠头，形如扳指，故而得名）、烫片鸭子、叉烧肉最为拿手，小菜如豆腐鱼、泡小黄瓜，都很受欢迎。

这位由官而厨的黄老板做菜之余，没有放下自己的文学爱好，时不时写几首诗记录做菜生涯，如："挑葱卖蒜亦人为，糠入歧硙万事非。从此弃官归去也，但凭薄技显余辉。"

大概是黄老板诗写得颇有些凄苦之意，引起了他官场老友的挂念，晋龄饭店开业一年多后，得故友推荐，黄敬临又去做了四川荥经县的县长，饭店由儿子接管，但生意很快就不行了，被迫转给他人经营。黄敬临的第一次餐饮创业就这样匆匆收场。

◇ 动真格的"姑姑筵"

20世纪二三十年代，军阀混战，仅仅上任一年多，黄县长就官位不保，又回到了老家，于是便有了开"姑姑筵"的想法。说干就干，黄敬临立马带上徒弟一干人赶到成都，在包家巷开办起首家老成都公菜馆"姑姑筵"，并亲自坐镇厨房。他将宫廷风味与四川风味相结合，潜心研究川菜的烹饪技艺，开厨艺学术化之先河。

文人毕竟是文人，开饭馆都开得文化味十足。黄敬临自封"油锅边镇守使，加封煨炖将军"，把饭馆所在的宅院改建成一座小巧雅致的园林，成为当时成都仅有的一家园林式餐厅，风头很旺。饭馆的院落虽然不大，却是亭榭错落，花木扶疏；室内更是花窗明亮，桌几干净，四壁名人字画，琳琅满目，自有一股儒雅气息。

在宣传上，黄敬临更是发挥其文化特长，亲手书写招牌和对联，大门上贴的上联是"右手拿菜刀，左手拿锅铲，急急忙忙干起来，做出些鱼翅海参，供给你们爷爷太太"，下联是"前头烤柴灶，后头烤炭炉，轰轰烈烈闹一阵，落得点残汤剩饭，养活我家大人娃娃"，横批为"混寿缘"。

毕竟是在宫廷里伺候过慈禧的"御厨"，黄敬临在经营上也别创一格，推出类似于现在收藏品市场和高端白酒市场的"限量供应"策略，每天只排4桌，如果没点儿地位，不提前预订，根本就吃不到。这样一来既保证了品质，也迅速在四川上流社会中形成了好的口碑效应。成都凡是有头有脸的人，都以在"姑姑筵"请客或者被请为荣。有时候黄敬临还会亲自为赴宴的达官贵人解说菜肴，因为他历练官场，文化素质高，很能和这些人交朋友，吸引了更多贵客盈门。

由此，"姑姑筵"大火，黄敬临的二次创业终于成功了。后来"姑姑筵"又迁到成都南门外的陕西街青羊宫马长卿花园，生意更加红火。

到 1933 年，"姑姑筵"已经是闻名川菜界的重要"山头"。当时，刚从另一位川菜大厨王海泉（曾为四川总督锡良的家厨，被尊为"大王"师傅）门下出师的罗国荣，就经人介绍，来到"姑姑筵"打工。

1937 年，黄敬临把"姑姑筵"开到了重庆。其间，国画大师徐悲鸿与他交好，最喜欢他做的菜，曾说："将贵重原料制成美味不难，难在将平凡菜色做好。"1941 年，重庆遭到日寇军机的频繁轰炸，整个城市被严重毁坏，"姑姑筵"被迫停业。

◇ 千秋川菜卓然临风

"姑姑筵"的菜品没有固定的菜谱，全由黄敬临根据客人的情况量身安排，既精心搭配，又不拘一格、随心随意。黄敬临的烹饪，不受传统菜系框架的限制，博采各地各派烹艺和菜式精华，融入自己的灵感和理解，追求饮食感受的别开生面、清新灵动。即使到过很多次"姑姑筵"，再去吃饭，也很难想出这次等待你的会是什么样的美食。黄敬临的菜，是饮食的艺术，但不是摆盘造型那种形式上的表面功夫，而是滋味的艺术，是滋味的曲径通幽，是身心感受的百转千回。

黄敬临从传统中推陈出新，从民间去粗取精，从自然中钩沉发微，这一切，又都在灵性飞扬的内心中融会贯通。因为太多兴之所至的新创，所以黄氏菜单未能尽留于世，加之没有黄敬临那样一颗饮食灵心，即使有法可循，也很难滋味生动。所以黄敬临的许多名菜，如今已是绝响。例如当年倾倒众生的"青筒鱼"，现在已无人敢做。这是一道取法傣家竹筒烧饭的菜肴，取新嫩的楠竹一节，一边留下节底，将剖洗干净、码味充分的鲜鱼和作料放入筒中，再加入鲜汤，封上筒口，然后在杠炭火上旋转炙烤数小时，鲜竹的清香完全融入鲜鱼和鲜汤之中，天然风味十足。

此外，黄敬临还创制出了国宴精品。"开水白菜"位列国宴三大清汤菜品之首、四川十大经典名菜之一，是黄敬临还在清宫御膳房时从李白的"清水出芙蓉，天然去雕饰"中得到启发而创制的。黄敬临创制这道菜，最初只是为了回击那些贬损川菜"只会麻辣，粗俗土气"的人们。怎知，这道菜自诞生起，就凭借其清亮明快的汤色、沁人心脾的雅香和鲜美柔嫩的口感，俘获了一众"粉丝"。后来，黄敬临返乡，"开水白菜"也正式入了川籍。这款菜中神品，把极繁和极简归至化境，呈现出中国文化的至高神韵，令天下人对川菜折腰心服，一扫积郁在川菜中的百年屈气。张大千先生曾对这道菜给出"淡雅中品真味，清白间显神韵"的评价，郭沫若则赞叹这是道"简中见繁，寓繁于简"的极品菜肴。

在"姑姑筵"，很少有靠原料珍稀名贵取胜的菜肴，黄敬临的菜，大多是极普通、极常见的食材，但是，一经他匪夷所思的创意和高超的烹饪技艺，便能从平凡中见出绝妙，将腐朽化为神奇。麻辣牛筋、烧牛头、豆渣猪蹄、黄辣丁汤……都是普通食材制成珍馐的典范菜品。所以，品尝黄敬临的菜，不仅是口舌滋味的极高享受，也是人生难得的艺术熏染。黄敬临暮年的时候，以川菜史上旷古绝今的饮食才华，把千秋川菜提升到了"会当凌绝顶，一览众山小"的卓然临风的高处，让我们至今仍然心怀景仰，追思不已。

黄敬临寓厨于乐，在烹饪方面实现了自己的人生价值。他借小孩所玩游戏之名，用司空见惯的普通食材，为大众烹饪出一道道美味佳肴，就这样在不经意间成就了享誉川渝两地的驰名川菜馆。

黄敬临的伟大，首先在开厨艺学术化之先河，不但使川菜展现京华气势，也使宫廷饮馔化为民食，兼容并蓄，有容乃大。而他一生最惊人的事迹，不在官场，竟在厨房，这种结果，应是当初那位"政声很好"的县太爷所始料未及的。

"开水白菜"，在国宴中绽放；"姑姑筵"，在时间里封存。从宫廷饮馔到民间佳食，黄敬临的一句"但凭薄技显余辉"，让川菜大道至简，千秋留香。正如"开水白菜"中承载着一位厨师突破自我推陈出新的期待以及对未来的展望，随着社会的不断进步与发展，这种期待与展望定会在未来得到更多的传承与发展，而双流人民也会在这种期待与展望中铸就一个个新的辉煌。

黄致祥：
救活雕版印刷的木刻印书传人

　　茹古书局中人头攒动，大家争相观赏着书画名家的作品，不时有人为作品出价。靠里的地方，人们翻阅大师们的书籍，思考着要买哪一本。黄致祥坐在柜台后，细心地为客人包装书画。此时正值抗日战争期间，在动荡的时局中，众多文学书画名家纷纷来到成都避难，其中包括爱国诗人柳亚子、书法家商衍鎏、金石篆刻家商承祚、历史学家顾颉刚、作家叶圣陶、国学大师马一浮等人。

　　看到业界翘楚被迫流离失所，黄致祥心里很不好受，他决定为他们做点什么。黄致祥通过自己的人脉和这些大家取得了联系，邀请他们在自己的茹古书局卖书卖画，以挣取收入供他们在成都吃穿用度。黄致祥为他人着想的想法受到了名家们的肯定，他们都委托茹古书局代鬻作品，而书局也因为名家们的名声获得了更多的人气，每天都有人来欣赏或购买这些作品。

　　黄致祥忙完，又为坐在书局中歇脚的老师们添了茶，把自己为他们代购的生活用品交给他们。这些老师里，有被疏散出城的中学老师，也有从外省来四川考察的老师，战争期间，大家的生活都十分艰难，黄致祥经常为主顾们提供力所能及的帮助。比如，为进城买书的老师提供方便，让他们在书局中喝茶歇脚；为人生地不熟的外地学者代购日常所需。黄致祥乐于照顾大家的生活琐事，他温暖的服务也赢得了主顾们的好感。

◇ 师从志古堂，创办茹古书局

清光绪二十九年（1903 年），黄致祥出生于双流县西门外永福乡。16 岁时，黄致祥就进入了当时成都最知名的印书局志古堂当学徒。蜀中有悠久的雕版印刷历史，在唐末五代成都就有了著名的龙池坊，宋代又在成都和眉山形成了两大雕版印刷中心，虽然雕版印书在明末清初因战争毁坏殆尽，但清朝中期开始复苏，到 20 世纪上半叶又出现了繁荣景象，其中成都的志古堂就是雕版印刷界的知名印书局。

进入志古堂后，黄致祥凭借聪慧的天资和勤劳肯干的品质，很快就学得了雕版印书的好手艺。除此之外，黄致祥还主动学习其他领域的内容，如自学目录学、版本学、校雠学领域的知识，遇到来志古堂的文人学者，就虚心向他们求教，渐渐地，黄致祥学会了鉴别古书。志古堂的老板将黄致祥的认真和努力看在眼里，十分欣慰，提拔黄致祥做了志古堂的经理。

在担任经理期间，黄致祥结识了许多文化名人，还与学术界和教育界人士交往，为日后创业打下了坚实的基础。1929 年，26 岁的黄致祥决定与 3 个兄弟一起创业，他们在母亲周氏的支持下，抵押了 34 亩祖遗田产，顶下学道街的二酉山房，开始筹办茹古书局。1931 年，茹古书局正式营业。

◇ 在危机中救活雕版印刷

茹古书局开业时，正是木刻印书行业面临巨大挑战的时期，当时铅印和石印迅速崛起，抢占成都的图书市场，导致雕版印刷行业的空间被压缩，许多木刻印书局都陆续倒闭。雕版印刷业面临着退出历史舞台的大危机，看到这样的情况，黄致祥积极采取应对措施，从多个方面努力，维持茹古书局的运营。

在此背景下，黄致祥决定只印高质量的精品书，从选题开始把关。他不媚时俗，只选择格调高的书籍印刷，因此茹古书局出品的大多是经学、史学、子学、词章类书籍。黄致祥对名人书籍的刊刻很重视，在接受作者委托印书时，也要经过严格的筛选，确保茹古书局印出的都是高质量的书籍。

为了确保印刷质量，黄致祥还请来了知名学者刘咸炘先生的学生黄启良负责校勘，黄致祥本人则亲自负责监刻。在黄致祥的坚持下，茹古书局在危机中发展壮大，印刻了吴虞的《爱智庐文录》、黄稚荃的《三十以前诗》《饮虹簃词》和龚煦春的《四川郡县志》等书，不仅打响了自己的名号，还让传统雕版印刷重新焕发出生机与活力。

◇ 以互惠经营思想成为商业先驱

除了注重书籍质量之外，黄致祥还很注重和其他省份同行之间的交流。1931 年至 1937 年，茹古书局和上海千顷堂、南京文汇堂、杭州来薰阁、苏州振新书局、广州广雅书局、长沙思贤书局等开展横向联系，相互交换当地出版的木刻书籍，茹古书局用本局版和四川版的木刻书与其他地方交换木刻石印书，相互交流学习。所以在当时，茹古书局拥有全成都最丰富的书品种类，拥有巨大的影响力。

黄致祥还致力于改进书局的服务，真正地关心每一个人。抗日战争期间，他在茹古书局为来成都避难的名家们代售作品，这样，名家们就不用为日常开销发愁了，茹古书局也成为名人们展卖作品的最佳选择，让书局增光不少。对待进城买书的老师和从外省来川的学者，黄致祥都会尽可能地提供帮助，让他们在茹古书局歇脚喝茶、寄放物品，还为人生地不熟的学者教授们代购生活必需品。

茹古书局还有售后服务，卖出的书如果有缺页、破损等质量问题，可以拿来调换。老主顾、教师、学者等人在买书难以取舍时，黄致祥会请他们将书带回去仔细斟酌，一周后再决定是买下还是退还。读者们不方便去图书馆借书时，茹古书局还提供免费代读者借书的业务，密切地联系读者。主顾们十分信任黄致祥，所以不论是买参考书还是单位采购，一有需要都来茹古书局。

"至今巴蜀文雅，文翁后化有人。" 黄致祥用真诚的态度关心每一位主顾，茹古书局以互惠经营思想为大众提供竭诚的服务，加上茹古书局出品的书籍质量高，它很快就成为当时印书行业的先驱。1936 年，黄致祥被推举为成都木刻书业同业公会主席，茹古书局也因其先进的经营理念成为成都最后的木刻印书业翘楚。救活雕版印刷的双流人黄致祥让木刻印书拥有了最后的辉煌，也为木刻印书业的历史增添了浓墨重彩的一笔，同时，他互利互惠的经营思想也深深影响着现代商业。

黄光成：
留下了教育群山

有这样一位老人，曾脚踏泥泞，俯首耕耘，再回首，身后已是一片桃林。

2018 年 10 月 31 日，双流教育界沉浸在一片悲伤与肃穆之中，黄甲中学的学生、棠湖中学的学生、棠湖外国语学校的学生，纷纷为这位叫黄光成的校长而哭泣。

他从一位老师成为校长，从一位校长成为两所"省一"高中的创办人。他是中国教育的硬汉，创造了中国校长的奇迹。有网友说："黄校长留下的遗产，是教育的群山。山在那里，我们要攀登。"

◇ 勇挑重担，成就棠中辉煌

2 万元新办一所中学，有人敢想吗？

30 多年前的双流，黄光成不但敢想，而且，最终留下了一个在四川教育圈乃至中国教育史上都响亮有声的教育品牌：棠湖中学。

棠湖中学高中部校门

　　1991 年，在国家教委发文强调基础教育工作的背景下，筹建棠湖中学被提上双流县领导常务会议议程，时任黄甲中学校长兼黄甲乡教办主任的黄光成，被认为是棠湖中学首任校长的不二人选。

　　办学之初的艰辛是难以想象的，教师的衣食住行均面临前所未有的困难。当时的棠湖中学，仅有 2 万元办学经费和一栋尚在修建的教学楼。面对如此捉襟见肘的办学条件，还要想打造一个响当当的区域教育品牌，黄光成需要破的题，不但多，而且个个都是棘手难题。

　　黄光成没有怯懦，毅然接下了这份重担。他给自己写了一句诗，既是对自己的勉励，也是一份军令状："淡泊一生办实事，不兴棠中誓不休。"

没有好老师，那就亲自挂帅出门招聘。成都找不到，那就去北京，去全国各地找。办校之初，黄光成着一身青衫、一双布鞋，带着满面笑容不知踏过了多少泥泞，最终找来了学校的首批老师。

老师没动力，那就改制度。顶着巨大压力，黄光成在全省率先推动"三制一包"管理体制改革，即校长负责制、全员聘任制、结构工资制、经费包干，闯出了一条引领带动全省基础教育管理体制改革之路。另一方面，校内的教学岗位三年一聘，非教学岗位一年一聘，形成动态优化，老师的职称职务评、聘分开，既可高评低聘，也可低评高聘，打破了"铁饭碗"和平均分配。这种有利于竞争、有利于发展的机制创新，为学校的高速、持续发展奠定了坚实的基础。通过建立与传统方式迥异的管理机制和激励机制，学校充分调动全体老师的工作积极性，充分激发他们的主人翁精神，形成了在工作上你追我赶、相互学习、共同进取的喜人局面，在教育教学诸多方面都取得了辉煌成就。

学校没影响力，那就打造出一个全新的品牌。1991年12月，"黄龙溪会议"召开，黄校长在会上提出并确立了棠中发展的"三三"设想：第一个三年，以省重点中学的要求，完成学校教育教学基础设施建设和教职员工的配备，达到合格高完中标准；第二个三年，进一步提高学校软硬件设施水平，在学校管理、教育教学效果上达到省重点中学标准并跨入省重点中学的行列；第三个三年，形成一套有棠中特色的办学经验，争取成为"巴蜀名校"，后修订为"国家级示范性学校"。

功夫不负有心人，在黄光成的带领下，"艰苦奋斗、团结进取、敢为人先、永争一流"的棠中精神形成并得以发扬光大，全体教职工勠力同心，成功沿着他提出的办学思路，创造出跨越式发展的奇迹。1993年，棠中各项指标达到"四川省合格高中"标准。1996年，棠中被评为省级重点中学，结束了双流县没有省级重点中学的历史。2000年，棠中被评为国家级示范性普通高中，提前完成"三三设想"，被四川省教厅评价为"超常规、跨越式发展的典范"。

学校先后荣获全国五一劳动奖状、全国职工职业道德建设先进单位、四川省文明单位、四川省教育系统模范职工之家等殊荣，先后成为全国中小学现代教育技术示范学校、联合国教科文卫组织北京教育学术交流中心实验学校、全国少年儿童科学体验活动示范学校、全国信息技术人才"幼苗基地"、国防生生源基地等。"棠中效应"迅速蜚声国内，"南有棠湖，北有新都"的佳话在当时的成都广为流传，一时间，全国各地前来"取经"的学校、专家团队接踵而至，全国中小学争相效仿……

伴随着发展，棠中进一步明确了"开放、民主、创新、全面"（后修改为"开放、民主、求实、创新"）的办学思想，明确了"仁、德、志、譞"的校训和"会做人、会求知、会生活、会健体、会审美、会创造，有特长"的"六会一长"的育人目标，形成了"改革意识浓、办学机制活、教育管理实、办学效益好"的办学特色，在质量效益、社会效益、辐射效益、产业效益方面取得了显著成绩，受到社会大众和教育主管部门的一致认同。

一个教育界的奇迹至此诞生在广袤的成都平原上，它不断发展壮大，早已成为巴蜀大地上一张靓丽的教育名片。这是黄光成校长数十年如一日殚精竭虑辛苦操劳的结果。在学校取得非凡成就时，黄光成校长却因劳累过度患上多种疾病。在他办公室的墙上，曾钉着一颗钉子，那是专门用来挂输液瓶的。每当医生劝他住院治疗时，他总是说："把药开给我就是了。"于是，他时常在办公室边输液边伏案工作。熟悉黄光成的人都说："在黄校长的时间表上，从来就没有过寒暑假和双休日。"

21 世纪初的棠湖中学

棠湖中学新校区

黄光成校长以教育为毕生追求，他对教育问题具有比较敏锐的观察能力，具有超前意识和敢为人先的勇气，具有较强的组织、管理能力，这使他在工作中常常抢先一步，处于主动地位。他吃苦在前，享受在后，淡泊明志，宁静致远，追求卓越，乐于奉献，以"奉献是最大的人生价值"为座右铭，日以继夜、无怨无悔地工作。他严于律己，宽以待人，了解教职工，欣赏教职工，他常说"吃得亏才打得拢堆"，在全校师生员工中有很高的威望，被棠中教职工赞誉为"具有人格魅力"的校长。正是这样一位朴实的教育者，带领一支志同道合、师德高尚的团队在教育一线辛勤耕耘，才缔造了闻名遐迩的"棠中效应"。其间，凭借卓越的办学业绩，黄校长在 1996 年被成都市人民政府评为"教育系统劳动模范"，1996 年被成都市教委授予"优秀中小学校长"称号，1998 年被教育部评为优秀教育工作者，1999 年被全国总工会授予全国五一劳动奖章，2000 年被国务院授予全国先进工作者（全国劳动模范）。

◇　敢为人先，书写棠外成就

平凡者顺天应命，成功者造就时势。"棠中效应"还在进一步发酵，但黄光成的"野心"远不止办好一所公办学校。要培养符合现代社会需求，具有竞争意识、创造力的学生，机制灵活的民办教育是一条创新之路。2001 年，锐意进取的黄光成对自己提出了更高的目标：创办全国第一所现代化股份制学校四川双流棠湖中学外语实验学校（现成都棠湖外国语学校），探索民办教育的发展之路。

2002 年，棠外定址航空港，破土奠基白手起家，黄校长面临着比建设棠中更为艰巨的挑战。

2003 年，棠外开校，黄校长用智慧赢得了发展的契机，用诚信赢得了家长的信任，用品质赢得了社会的认可。

2004年，棠外初具规模，黄校长召开了全校教职工大会，让教师共享发展的红利。教师以自然人身份入股，棠中成为由教师股东组建的股份制学校。零商业资本介入让教师真正当家做了主人，为棠外发展提供了纯净的内部环境。学校从法律上、机制上保障教师主人翁地位，用"高起点、高标准"的办学目标统一全校教职工思想，凝聚人心。学校利益和教师切身利益的紧密结合使每一个教师把学校当作家，把学生当作家里的成员，像对待自己亲生孩子一样对待学生。棠外由此成为一个相亲相爱的大家庭。

2007年，为进一步凝聚人心，加快学校发展，学校召开了"楠木林会议"。会议上，黄校长提出了"一三五八"的发展思路，即"一年完成招生计划，三年考出优异成绩，四年突破发展瓶颈，八年实现良性运作"，让老师们深刻地认识到学校发展所面临的几个关键时间点和关键任务。人心凝聚，就是发展的动力；目标明确，就是拼搏的方向。

老师们有感于黄校长创业的果敢和毅力，对黄校长给予了充分的信任。在黄校长的带领下，老师们哪怕是在学校发展不如意的阶段都毫无怨言，在教育、教学、管理上毫不松懈，反而越发努力。老师们如同垦荒牛一般，奋力走出了一条跨越式的发展之路，"求真务实、创新实践"的作风和"敢想敢做有担当"的行为在棠外蔚然成风。

与棠中一脉相承的棠外，传承了"开放、民主、求实、创新"的办学目标和"仁、德、志、课"的校训，并进一步明确了学部部训：幼儿园——养善益智，小学——明理好学，初中——厚德持义，高中——育贤培元。人本办学，儒者大成。在黄校长的带领下，棠外人众志成城使学校顺利渡过了生存难关，实现了从零起步、从小往大、从大到强的发展，圆满完成了各项战略目标，做到了"人无我有，人有我优"，实现了"分层教育、因材施教"的教学常态化，构建了全面培养人才的课程体系，造就了一支德才兼备、优秀稳定的教师队伍，打造出"国学教育、外语教育、科创教育、艺术教育、校园足球、校园电视台"等闻名遐迩的办学特色，取得了丰硕的教育、教学、科研成果，培养出一大批全面而又个性发展的优秀学生。学校形成了"幼—小—初—高"一体化的优势教育链，办学更延伸至宜宾、巴中。2008年9月，宜宾市翠屏区人民政府与成都棠湖中学外语实验学校正式签订合作办学协议；2009年3月，宜宾翠屏棠湖外语学校（现宜宾市翠屏区棠湖学校，简称"翠外"或"翠屏棠外"）建成。2013年6月，巴中棠湖外语实验学校（简称"巴外"或"巴中棠外"）筹备建立，于2015年9月建成。这两所学校的建成，改变了宜宾、巴中民办教育的格局，为区域教育发展注入了新动力。黄校长带领的棠外作为民办优质教育的代表，始终努力践行办好人民满意的教育，在区域教育优质均衡发展中默默奉献，在国家基础教育改革中起到了引领辐射作用，与区域教育共生共赢。

精细化，是花甲之年的黄校长工作作风和生活作风的深刻体现。他大力实施"精细化的教育教学、精细化的管理、精细化的服务"，用"精益求精"的精神感召着每一位师生。严格而不失宽容，刚强而不失温情，豪爽而不失细致，是师生心目中极具人格魅力的校长。他提出的"绝不放弃一个学生"的教育理念深入人心，他随时都做到以身作则，在教育中突出"六心"——爱心、关心、热心、细心、耐心、尽心。

在黄校长看来，"教育应该以人为本，培养出身心健康的人比培养博学多识的人更重要"，为此，棠外始终把"培养勤劳、智慧的具有华夏传统美德的现代中国人；培养立志高远、意志坚定、勇

成都棠湖外国语学校鸟瞰

于攀登的世界公民"作为办学宗旨。当棠外教学楼一幢幢矗立、教学设施一批批完善，当教师生活越来越好、学生前途一片光明，黄校长的黑发也渐渐霜尘尽染。虽然病痛缠身，但他在师生面前依旧表现得精神矍铄，挺立在教育改革的前沿，让"宁静致远无所求，献身教育写春秋"成为人生的真实写照。

◇ 海棠静穆，深缅"大棠之尊"

2018 年 10 月 31 日 16 时 28 分，被媒体誉为四川"传奇校长"、中国"教育硬汉"、一代"教育巨匠"的黄校长，因病医治无效逝世，享年 72 岁。亲朋友邻皆沉痛，门生学子尽失欢。

他勤勤恳恳，孜孜追求于三尺讲台，甘当教育改革拓荒的孺子牛。在教育这方厚重的土地里，他辛勤耕耘，无怨无悔，将一颗滚烫的赤子之心献给祖国的教育事业，献给孩子、家长、教师和社会。他用汗水播撒祖国未来的希望，用赤诚书写了不凡的人生。他感动着中国基础教育，也感动着身边每一位师生。

在黄光成的教育情怀和拼搏精神的感召下，才有了那浓浓的棠中精神、浓烈的棠外情怀。曾经，棠中和棠外的创办，让更多的人有了继续读书的机会，也为双流成为教育百强县立下了赫赫战功。如今，"大棠之尊"驾鹤西去，但棠中和棠外的海棠花依然盛放，双流还有千千万万的教育工作者会接过黄校长的衣钵，争做孩子们学习中的领路人、生活中的贴心人、成长中的助梦人！

参考文献

1. 王泽枋著：《双流 100 名人传》，中国文史出版社，2008年 10 月。

2. 刘咸炘著：《双流足征录》，中国文史出版社，2013 年 4 月。

3. 贾大泉、陈世松主编：《四川通史》，四川人民出版社，2010 年 3 月。

4. 中共成都市双流区委史志办公室编：《双流四千年》，方志出版社，2023 年 1 月。

5. 中共成都双流区地方志编纂委员会编：《双流县志（1911—1985）》，四川科学技术出版社，2016 年 11 月。

6. 成都市双流区档案馆、成都大学档案馆主编：《图说双流》，电子科技大学出版社，2016 年 6 月。

7. 〔元〕脱脱等撰：《宋史》，中华书局，1985 年 6 月。

8. 〔元〕脱脱等撰：《金史》，中华书局，2020 年 2 月。

9. 〔宋〕唐慎微著：《经史证类备急本草》，北京图书馆出版社，2004 年 9 月。

10. 高叶青著：《范祖禹生平与史著研究》，科学出版社，2018 年 10 月。

11. 郭开慧著：《川军骁将郭勋祺——抗战篇》，四川大学出版社，2015 年 6 月。

后　记

　　"以古为镜，可以知兴替；以人为镜，可以明得失。"2023 年初，为深入挖掘双流历史文化资源，弘扬中华优秀传统文化，成都市地方志编纂委员会办公室、中共成都市双流区委史志办公室决定以双流从古到今具有代表性的名人志士为对象，以展现他们身上体现的双流气韵为核心，组织编写一本能体现双流地区精气神的图书。

　　2023 年 3—4 月，经过编辑部的多次研究讨论后，最终确定了本书的编写方案以及全书的 45 位人物，并将本书的书名定为《向上向善双流人》。需要说明的是，书中的 45 位"双流人"并非特指籍贯为双流的人物，也包括历史上曾在双流任过要职或负责过重要工作、为双流的建设和发展做出突出贡献的人物。

　　自 5 月撰写工作正式开始以来，我们查阅了大量的文献资料，力求确保史实的准确性。同时，为了增强故事的可读性，我们数易其稿，改变传统写史记事的固有模式，希望生动的文学表达能让人物鲜活起来，让读者在轻松阅读中被人物的精神所感染。之后，经过专家评审、修改打磨、文字审校等一系列工作，最终将沉甸甸的一本《向上向善双流人》呈现在读者面前。

我们衷心地希望，本书能够成为当代双流人不断向上向善的助力，能让读者从这些名人志士身上汲取奋进的力量，在新时代铸就新辉煌。

但由于史料以及编者水平有限，本书难免存在瑕疵和不足，敬请读者批评指正。

《向上向善双流人》编辑部

2023 年 9 月 28 日